José Carlos Ruiz

El arte de pensar

Cómo los grandes filósofos pueden estimular nuestro pensamiento crítico

Undécima edición

LIBROS
EN EL
BOLSILLO

© José Carlos Ruiz, 2018
© Editorial Almuzara, S.L., 2018
De esta edición en Libros en el Bolsillo, diciembre de 2022
www.editorialberenice.com
info@almuzaralibros.com
Síguenos en @AlmuzaraLibros

Libros en el bolsillo: Óscar Córdoba
Edición: Javier Ortega
Impreso por BLACK PRINT

I.S.B.N: 978-84-18205-30-9
Depósito Legal: CO-126-2020

Código BIC: HPM
Código THEMA: QDX
Código BISAC: PHI000000

Editorial Almuzara
Parque Logístico de Córdoba. Ctra. Palma del Río, km 4
C/8, Nave L2. 14005 - Córdoba

Reservados todos los derechos. Queda rigurosamente prohibida, sin la autorización escrita de los titulares del copyright, bajo las sanciones establecidas en las leyes, la reproducción parcial o total de esta obra por cualquier medio o procedimiento, incluidos la reprografía y el tratamiento informático, así como la distribución de ejemplares mediante alquiler o préstamo público.

Cualquier forma de reproducción, distribución, comunicación pública o transformación de esta obra solo puede ser realizada con la autorización de sus titulares, salvo excepción prevista por la ley. Diríjase a CEDRO (Centro Español de Derechos Reprográficos, www.cedro.org) si necesita fotocopiar o escanear algún fragmento de esta obra.

Impreso en España - *Printed in Spain*

A mis hijos Pedro y Elena:
Celebración y Refugio

INTRODUCCIÓN 13

HIGIENE MENTAL PREVENTIVA 19
PENSAMIENTO CRÍTICO. LA
BELLEZA OCULTA DE LA FELICIDAD 24
LA CURIOSIDAD 30
EL CÉSPED Y EL ÁRBOL 38
PASCAL Y SPINOZA. LA ALEGRÍA DE MEJORAR 42
KANT. TONTOS Y COBARDES 51
    El personaje 52
    La valentía 55
    ¿Qué es ser un tonto? 57
    El victimismo 61
SÓCRATES. BUENAS PERSONAS 69
DANIEL BERNOULLI. CÓMO
TOMAR BUENAS DECISIONES 75
BARRY SCHWARTZ. EL AGOBIO
DE TENER QUE ELEGIR 82
    El arte de estar satisfecho 89

LIPOVETSKY. EL VALOR DE LA CONTRADICCIÓN 95
VICTORIA CAMPS. LA POSVERDAD
Y EL ELOGIO DE LA DUDA 103
PIRRÓN DE ELIS. ESCEPTICISMO PRAGMÁTICO 110
    Imprudencias y pamplinas 112
MONTAIGNE. LA AUTOESTIMA
O PENSARSE BIEN A UNO MISMO 117
PENSAMIENTO SÓLIDO.
LA IMPORTANCIA DEL CONTEXTO 125
ORTEGA Y GASSET.
CIRCUNSTANCIAS PARA EL SIGLO XXI 130
    El yo y el avatar 135
    Pensar con perspectiva 139
ARISTÓTELES. CÓMO CONTROLAR LA ANSIEDAD 143
VIVIR PARA EL ÉXITO 151
EL RECONOCIMIENTO SOCIAL 154
DIÓGENES DE SINOPE. PENSAR
Y VIVIR EN LA COHERENCIA 158
    Cínicos: Pensamiento crítico
    para las convenciones sociales 162
    Antipatía 166
EL REINO DE LOS MANIQUEOS 172
SÓCRATES. MANERAS DE VIVIR 176
    Mayéutica: Camelo contra la antipatía 182
ALAIN DE BOTTON. ESNOBISMO
Y LA MANÍA DE ENCASILLAR 187
LUTERO Y EL *AMERICAN DREAM*.
EL TRABAJO COMO ENGAÑIFA 191
HEFESTO Y AFRODITA. PENSANDO
EN EL MÉRITO O EL MÉRITO DE PENSAR 200

AMANCIO ORTEGA. EL VIRUS
DE LA FALSA ESPERANZA 209
BERTRAND RUSSELL. PENSAR
LA ENVIDIA Y LA DESGRACIA 215
    Envidia 3.0: Lo que Facebook se llevó 217
    Envidia cochina 219
    Pensamiento visual: El caso de Bután 223
    La admiración como antídoto 226
    Sadismo social: La culpa 228
CONTRA LA FRAGILIDAD EMOCIONAL 234
HOBBES. PENSAMIENTO
CRÍTICO CONTRA EL MIEDO 239
ESCUELAS HELENÍSTICAS.
INSTRUCCIONES PARA TIEMPOS DE CRISIS 243
    Estoicismo: El arte de encajar el sufrimiento 247
    Epicteto: cosas que no dependen de mí 251
    Cosas que dependen de mí 255
    Lo verdadero y lo aparente 257
    Ataraxia: El arte de no perder la calma 259
SÉNECA. CÓMO PENSAR LA IRA 264

CONCLUSIÓN 273
BIBLIOGRAFÍA BÁSICA 275

Aunque la cultura en general no es una garantía para vivir mejor ni tener planes de vida más razonables, despreciarla es carecer de armas para enfrentarse a la brutalidad que todos llevamos dentro.

VICTORIA CAMPS

INTRODUCCIÓN

Quién nos iba a decir que en pleno siglo XXI la felicidad se convertiría en un instrumento de tortura. Soportamos una maldición que pasa inadvertida para la mayoría de las personas: la maldición de la felicidad. Nos han condenado a ser felices por obligación y, lo que es más preocupante, por imitación. Y lo han hecho de una manera tan sutil y sofisticada que hemos llegado a creer que la idea es nuestra. Nos han sugestionado para sentirnos felices, pero ojo, que sentirnos felices no es lo mismo que serlo. Porque esta tiranía parte de una concepción interesada sobre una felicidad sentimental, emocional y ligera, algo instantáneo y fácil de adquirir. Nos han convertido en drogodependientes emocionales. La condena está clara, castigados de por vida a inyectarnos esa felicidad postiza, y caemos en una búsqueda incesante de dosis en cualquiera de sus variantes, que se enmarcan dentro de la palabra de moda: *Tendencias*. Estas tendencias están relacionadas con el consumo experiencial, pues ahora lo que vende son las experiencias, las sensaciones que nos perturben, que nos trastornen, que nos exciten y sean capaces de alterar nuestro estado de ánimo, eso sí, siempre asociado a emociones positivas. Cada día diseñan nuevas dosis, a cual más apetecible, y han logrado tener una oferta tan sustancial y estimulante que es imposible probarlas todas.

La maldición consiste en querer saborear cada una de estas dosis, y por ello hemos caído en la trampa depravada de esta maldición: la hiperacción, la hiperactividad. Para no desarrollar el síndrome de abstinencia hipermoderno, procuramos consumir cuantas más porciones mejor. Sabiendo esto, el mismo Sistema nos anima a llevar una política de *check-list*. Nos espolea a tener nuestras listas para que vayamos verificando cada una de las dosis que consumimos: restaurantes de moda, viajes que no te puedes perder, el último *gadget* que acaba de salir al mercado, esas clases de *zumba-yoga-boxing* que son geniales, las sesiones de *mindfulness*, celebrar un *brunch* los viernes, tatuarse, ser hípster, maratoniano, vegano… Lo único que tenemos que hacer es tachar de la lista cada dosis consumida, no sin antes publicarlo en Facebook e Instagram.

Como la oferta de dosis es tan amplia, el Sistema logra tenernos ocupados, enganchados y sometidos a una incesante actividad, a una hiperactividad. Para colmo sabemos que muchas de estas dosis están diseñadas con fecha de caducidad, por lo que el tiempo apremia y la ansiedad termina haciendo su aparición. Castigados a no parar, a no detenernos. Obsesionados con la felicidad encapsulada en pequeñas raciones. El Sistema ha logrado prefabricar una idea popular de felicidad instantánea y soluble asociada al hiperconsumo, tanto emocional como material. Parar, detenerse, reflexionar… es agonizar, como bien decía el príncipe de Dinamarca, Hamlet: «Morir, dormir».

Se ha impuesto la dictadura de la acción frente a la reflexión y es más urgente que nunca reavivar el pensamiento crítico que agoniza. Porque en esta sociedad de la turbotemporalidad, del culto al instante, de la prioridad a lo inmediato, siempre termina haciendo acto de presencia el pensamiento crítico. Tarde o temprano el análisis, el estudio y la reflexión aparecerán en nuestras vidas, y en muchos casos vendrán acompañados de sufrimiento a causa de no haber sabido (o no haber querido) pensar críticamente, y para esto no hay consuelo. Por mucho que mantengamos nuestras vidas bajo el paradigma de la hiperacción, la reflexión siempre termina llamando a la puerta y molestando, cual invitado incómodo que se presenta en la tranquilidad de la noche y nos pilla desprevenidos, desorientados y sin nada en la nevera para ofrecerle.

Pensar bien, como todo elemento de valor, es un arte, y necesita muchas horas de trabajo y esfuerzo para pulirlo de cara a presentarlo en todo su esplendor, pues cabe recordar que actualmente se encuentra en peligro de extinción y progresivamente va languideciendo sin que nadie repare en él.

De un modo sutil, y si me apuran casi elegante, el Sistema liberal de mercado, el capitalismo, ha logrado el crimen perfecto. Lo admirable de este crimen es que no va a ser portada de noticieros, ni se celebrará funeral por la víctima, entre otras cosas porque nadie sospechará que está muerta. La falta de sospecha se justifica porque el Sistema ha sabido ocultar al peor enemigo que tenía enfrente: el Pensamiento Crítico. Para hacerlo ha lanzado cortinas de humo desviando la atención hacia otros adversarios y problemas (el cambio climático, los antisistema, el posthumanismo, el terrorismo fundamentalista, la crisis económica, la robotización de lo cotidiano...) mientras se encargaba de dejarlo moribundo y reemplazarlo por una copia que maneja a su antojo.

De la misma manera que ha sabido teledirigir la mirada social hacia estos «adversarios y problemas», también ha desarrollado una serie de alianzas para su propósito que se han encargado de crear las circunstancias adecuadas para que nadie eche de menos al Legítimo. No lo echamos en falta porque el propio Sistema ha construido una réplica virtual del mismo para presentarlo como real, un títere cuyos hilos son movidos siempre en la misma dirección y por las mismas manos. Y claro, el artificio de este Pensamiento Crítico virtual se presenta de manera tan realista que no logramos percibir que el auténtico está postrado en fase agonizante. Este farsante ha usurpado el trono del Genuino y ahora comanda la dirección hacia la que debe caminar la sociedad. Pone el foco de atención en el eje emocional del ser humano en pos de ir construyendo una colectividad intelectualmente anestesiada, a la vez que ensimismada, en un concepto adulterado de felicidad.

Mientras esto sucede, y de manera sibilina, la sociedad se somete al imperio de las emociones y de la hiperactividad impulsada por un ejército de aliados como la aceleración, el ímpetu, la pasión, la vocación, el entusiasmo, el *mindfulness*, el *coaching*, la meditación, el yoga... (muchas son actividades a realizar en un periodo concreto de tiempo determinado, alejando así la pretensión de convertirlo en hábito) a la vez que indirectamente debilita al pensamiento crítico, creando las circunstancias necesarias para que su desarrollo no tenga cabida. La consecuencia del crimen la estamos sufriendo en carne propia: el desequilibrio.

El equilibrio es el principal mecanismo en el que se sustenta la formación del individuo y la única manera de conservarlo es haciendo uso del pensamiento crítico. Sabiendo esto, el liberalismo económico ha puesto en marcha una estrategia de acoso y derribo con el fin de debilitarlo al máximo. La consecuencia es notoria: vivimos en una sociedad desnivelada. El equilibrio entre razón y emoción definitivamente ha decantado la balanza hacia esta última. En su estrategia, el Sistema ha conseguido dos cosas: la primera es que no percibamos que estamos desequilibrados. La segunda, que es consecuencia de la anterior, es el ostracismo y olvido al que hemos relegado el pensamiento crítico.

Educar a personas equilibradas, que sean capaces de comprender y controlar sus emociones y que, al mismo tiempo, tengan la habilidad de hacer eso mismo con sus semejantes, ha sido el objetivo de la educación desde la Antigüedad. Ya Platón, en su mito del Carro Alado, nos exponía la necesidad de que el auriga que dirigía el carro y que representaba la parte racional del ser humano fuese capaz de guiarlo hacia el Mundo de las Ideas, que tuviese la habilidad de controlar las pasiones innobles del ser humano (el caballo negro) y las pasiones nobles (el caballo blanco). No en vano, su más preciado discípulo, Aristóteles, definía el comportamiento virtuoso (alcanzar la virtud) como aquel que se conseguía teniendo como referente al término medio, es decir, la consecución del equilibrio, y estos dos pensadores, a pesar de desarrollar filosofías divergentes, coincidían en que el buen uso del pensamiento crítico era la única vía para lograrlo.

Junto a este culto del uso adecuado del pensamiento, ambos entablaron una lucha encarnizada contra el mundo de la opinión y de las creencias, cada uno con su metodología. Platón se mostró enemigo de las imágenes proyectadas, en su caso en el fondo de una caverna, y situó la Episteme, el Conocimiento, como el grado de saber al que tenemos que aspirar. Aristóteles llegó a afirmar que lo que nos distingue del resto de seres vivos es el uso de la palabra. En su intento de definir cuál era la idiosincrasia del ser humano, el discípulo de Platón desarrolló una teoría sobre la felicidad basada en el buen uso de la razón.

«La razón de que el hombre sea un ser social, más que cualquier abeja y que cualquier otro animal gregario, es clara. La naturaleza, pues, como decimos, no hace nada en vano. Solo el hombre, entre los animales, posee la palabra». Política, Libro I.

Pero he aquí que vivimos en un mundo donde la imagen ha ganado el terreno a la palabra, donde la omnipantalla invade cada rincón de nuestra cotidianidad, marcando el devenir de la razón y sustituyendo a la palabra como fuente de análisis. Por esto es inmediato ponerse manos a la obra si queremos resucitar aquello que mejor nos definía como especie: el Pensamiento Crítico.

HIGIENE MENTAL PREVENTIVA

Hay muchos libros de autoayuda en el mercado, unos para decirnos que podemos conseguir cualquier meta que nos propongamos, incluida la felicidad, y nos indican cómo hacerlo. Otros para afrontar el sufrimiento que nos invade cuando no lo logramos. Es un negocio que se abastece. Escribimos algunos libros motivacionales donde indicamos a la gente que todo es cuestión de esfuerzo, de perseverancia, de emoción, de pasión... Después, cuando hacen lo que esos libros les prescriben y no logran alcanzar sus metas, entonces compran los otros libros de autoayuda que explican cómo lidiar con la tristeza y el desánimo que experimentan cuando fracasan. ¿Por qué sucede esto? La gran mayoría de las veces es porque nos dicen cómo tenemos que actuar pero sin tenernos en cuenta a nosotros. En otras ocasiones los que fracasamos somos nosotros por falta de voluntad, por no ser capaces de poner en práctica los consejos que nos ofrecen.

La verdadera ayuda no consiste en hacer lo que otros nos dicen que tenemos que hacer, sino más bien, en aprender a desarrollar el pensamiento crítico por nosotros mismos, desde nuestras circunstancias, con nuestra perspectiva y tomar las decisiones que más convengan teniendo siempre en cuenta el contexto.

Como trataremos de clarificar, el pensamiento crítico se fundamenta en dos elementos que tendremos que dominar si queremos usarlo adecuadamente: las circunstancias y el contexto. Porque el arte de saber pensar críticamente se reduce a conocer las circunstancias que nos rodean tanto a nosotros como a los demás y saber interpretar adecuadamente el contexto. Una vez conocidos y dominados estos dos instrumentos, las decisiones en torno al proyecto de vida que queramos plantearnos tendrán más probabilidades de éxito.

A lo largo del libro mostraremos cómo se puede usar lo que comúnmente se denomina el Pensamiento Crítico de cara a tener una personalidad equilibrada, sólida y feliz. La diferencia es de orden mayor. Pensar críticamente, poseer una buena capacidad analítica, es un instrumento esencial para forjarse una identidad propia y auténtica. No se trata de exponer qué es lo que hay que hacer, sino de meditar sobre nuestra filosofía de vida, sobre nuestro modo de pensar la existencia que estamos llevando y hacerlo desde nosotros mismos, pero sin olvidar que también tenemos que ejercer esta reflexión sobre los demás.

No son pocas las personas que se han adscrito al famoso dicho «más feliz que una perdiz», pero si buscamos el significado de esta frase, veremos que no tiene ninguno en especial, que no encierra ninguna sabiduría de fondo. Podría pensarse que las perdices son aves especialmente felices si las comparamos con el resto, pero mucho me temo que no es así. Se eligió a la perdiz simplemente porque rimaba: feliz-perdiz. Algunos, en su atrevimiento, hasta hacen la rima feliz-lombriz, y claro, cuando un extranjero intenta buscar la traducción de esta expresión e investigar su procedencia, se lleva tremendo chasco porque detrás de la misma no hay ninguna historia interesante de la que poder aprender algo. Es todo tan simple, tan evidente, tan inconsistente como vacío. Se necesitaba una palabra que rimase con *feliz*, y *perdiz* cumplía su cometido.

En algunas teorías sobre la expresión, esta se asocia a otra de las frases comunes de los cuentos: «Fueron felices y comieron perdices», ya que la perdiz era un manjar para los pudientes y por lo tanto, símbolo de prosperidad material. De hecho, en países como Francia, existían criaderos de perdices para los que tenían poder adquisitivo. Por la deriva lógica del asunto, es posible que de ahí provenga la primera expresión «más feliz que una perdiz».

Llevamos escuchando que «fueron felices y comieron perdices» como resumen de lo que es una buena vida (vidorra), donde la felicidad se asocia a la prosperidad económica (de los nobles), y terminamos reduciendo el bienestar a un asunto monetario, todo muy escueto. Pero como la felicidad asociada al consumo material siempre levanta sospechas morales, en un ejercicio de prestidigitación, el Sistema ha orientado la mirada hacia el otro modelo de gozo menos susceptible de inmoralidad: la del consumo emocional.

Cuando se habla de felicidad, estamos usando la palabra de manera simple, y de un modo demasiado alegre, sin comprender debidamente lo que conlleva. Coligamos la felicidad con las emociones y los sentimientos, y cometemos el error de no asociarla con la razón. Es un error común, consecuencia de no pararnos a pensar, de no activar el interruptor del pensamiento crítico que viene de serie en nuestra configuración como humanos. Para entender qué es la felicidad es necesario un pensamiento analítico sobre nuestros modelos de vida, pero realizado desde nuestras circunstancias, desde nuestra realidad.

Lo que defenderemos es que la felicidad es un modo de ser, un modo de pensar y sentir la vida que se puede aprender. Hace poco se publicaban las conclusiones de un experimento longitudinal (realizado a lo largo del tiempo con el mismo número de individuos) sobre el nivel de felicidad a lo largo de la vida de una serie de personas, un experimento realizado en Harvard y denominado *Harvard Study of adult development*. Es un proyecto de investigación que comenzó en 1938 examinando la vida de 700 hombres, intentando analizar los factores que hacían que algunas personas envejeciesen felices y con salud, y otras terminaran con debilitamiento mental e infelices. Se eligieron dos grupos de jóvenes de veinte años completamente distintos, por un lado casi 300 estudiantes de Harvard, la prestigiosa universidad norteamericana donde van las élites, y por otro lado, 400 jóvenes de un barrio humilde de Boston. Es un estudio detallado que todavía sigue adelante y se ha ampliado a las respectivas familias, mujeres, hijos y hasta nietos. ¿Imaginan si logran aislar los rasgos que nos proporcionan una vida feliz y sana? Pues bien, de entre los datos que obtuvieron sobre el bienestar de una persona por un lado, y la salud por otra, concluyeron que las relaciones con los amigos y con la pareja eran fundamentales. Según el estudio, la clave se encuentra en tener buenas relaciones sociales, y así, cuando una persona se jubilaba y reemplazaba la sociabilidad del trabajo por la de otros amigos, su nivel de salud y felicidad se mantenía intacto. Las palabras del actual director del estudio, el Dr. Waldinger, al respecto son las siguientes:

> «Una y otra vez, en estos 75 años, nuestro estudio ha demostrado que la gente a la que le va mejor es aquella que se apoya en las relaciones con su familia, amigos y la comunidad».

Una parte importante de la felicidad pasa por las relaciones con los demás frente al aislamiento, pero relaciones inteligentes, las que saben cómo tratar a las personas, las que implican afectos verdaderos que provienen de un uso adecuado de la inteligencia. Esto supone aprender a observar a los demás y a nosotros mismos, analizar el contexto y las circunstancias que nos rodean, a la vez que tener en cuenta y comprender las circunstancias que rodean a los otros.

Saber qué necesita otra persona para ser feliz, para sentirse bien y segura, y además ser capaces de proporcionárselo es un síntoma de una inteligencia suprema. Es una demostración de que utilizamos bien el pensamiento crítico. Porque la felicidad es un modo de ser en la vida que implica saber pensar adecuadamente para poder distinguir las cosas que nos benefician de las que nos perjudican.

PENSAMIENTO CRÍTICO. LA BELLEZA OCULTA DE LA FELICIDAD

Aprender a pensar parece fácil porque todos pensamos, pero ¿pensamos bien? Cuando hablamos de educar a un niño nos preocupamos mucho por cuestiones que nos parecen esenciales para su desarrollo: que haga deporte, que lleve una alimentación sana, que cumpla sus obligaciones en el colegio... Lo apuntamos a actividades extraescolares para que refuerce o aprenda cosas que nos parecen importantísimas, pero en ningún momento se nos pasa por la cabeza que tenga que dar clases de razonamiento, o ejercicios para potenciar el pensamiento crítico de cara a pensar de manera beneficiosa. No deja de ser curioso observar que nos obsesionamos con mantenernos en forma, con cuidarnos de cara a no contraer enfermedades, o con el desarrollo psicomotriz de nuestros hijos. Cada cierto tiempo nos hacemos revisiones médicas, para ver que todo progresa y evoluciona como es debido. Pero en ningún momento reflexionamos sobre nuestro modelo de pensamiento, sobre nuestra filosofía de vida. Apenas nos preocupamos en analizar si tenemos un esquema de vida sensato o si estamos proyectando en nuestros hijos un ideario adecuado de cara a tener una personalidad equilibrada.

Hemos logrado asimilar el concepto de «Medicina Preventiva», donde sabemos de la importancia de tener hábitos de vida saludables para llevar un buen envejecimiento y para evitar y/o detectar enfermedades lo antes posible. Hacemos dietas y deporte porque queremos tener un buen aspecto físico y quitarnos esos kilos de más, pero en cuanto a nuestras ideas, deseos e inquietudes, pensamos que ninguno sobra, y no hacemos lo que Robert Zimmer viene llamando «Gimnasia Mental». Mucho ejercicio físico desde pequeñitos para que desarrollen una adecuada psicomotricidad y crezcan saludablemente, pero en lo referente al deporte mental lo damos por asimilado casi de manera innata por la simple creencia de que viene de serie. Y claro, luego pasa lo que pasa, cuerpos esculturales, cuarentones y cuarentonas sin apenas grasa corporal, marcando abdominales, pero atiborrados de ansiolíticos y antidepresivos para soportar modelos de existencia que han ido creando bajo un pensamiento poco crítico y nada autónomo, y sobre el que la mayoría de las veces no tienen control.

Hacemos verdaderos esfuerzos de voluntad por no comer, beber o consumir cosas que nos apetecen porque sabemos que nos perjudican, usamos esa fuerza de voluntad para hacer deporte cuando lo que nos apetecería sería sentarnos en la butaca al llegar a casa y vernos un episodio de nuestra serie preferida. Pero cuando se trata de aprender a pensar, de analizar las ideas preconcebidas que hemos asimilado, de comprender los puntos de vista de otras personas, entonces esta fuerza de voluntad desaparece porque «pararse a pensar» nos resulta cansino o molesto.

Tenemos que aprender a pensar críticamente desde pequeños, a analizar nuestras ideas, pero sobre todo nuestras creencias, deseos, sueños... Enseñarles a nuestros hijos y a nosotros mismos a realizar preguntas adecuadas y saber cuándo tienen/tenemos que activar el interruptor del pensamiento crítico.

La filosofía nos ayuda mucho en esta labor. Es una actividad mental que se practica a cualquier edad y se perfecciona a medida que uno aprende a quitarse de encima los prejuicios y los malos hábitos que ha ido adquiriendo a lo largo de su vida. Hábitos que en el fondo no son otra cosa que los kilos de más que nos impiden movernos con soltura, desenvolvernos ágilmente y enfrentarnos al día a día. Si lo hacemos bien, entonces nuestros hijos/alumnos y nosotros mismos gozaremos del elemento más importante para llevar una vida feliz: la higiene mental.

La pregunta del siglo XXI que tenemos que realizarnos es: ¿por qué no cuidamos de nuestro pensamiento crítico de igual modo que hacemos con nuestro cuerpo? Hemos logrado implantar ese concepto de «Medicina Preventiva» que nos ahorra mucho sufrimiento y malestar, y evita fallecimientos prematuros, pero no hemos ido más allá. Ahora, la gran deuda pendiente es hacer lo mismo con la higiene mental, tener una higiene mental preventiva, crear hábitos mentales sanos que serán la solución para evitar una vida miserable.

Un mal hábito mental, una falsa idea de éxito, una idea dañina de felicidad, nos provocan peores sufrimientos que los males físico-orgánicos, y a pesar de saber esto no hacemos nada ni para evitarlo ni para evitárselo a nuestros seres queridos. Cuando hablo de «miserable» no me refiero a la economía, sino al sentimiento de desgracia, a sentirse un desgraciado. Como todo proceso de higiene que merezca la pena, la higiene mental nos ayudará a eliminar las ideas víricas de las que nos contaminamos y que se expanden por nosotros, provocándonos, en el peor de los casos, dolores inmensos y limitándonos por momentos las ganas de vivir. Sin una buena higiene mental podemos adquirir hábitos de pensamiento muy poco saludables que en principio parecen inocuos e inofensivos, pero que a la larga siempre terminan pasando factura y mermando nuestra calidad de vida.

Como todo hábito mental sano, la gimnasia mental, el pensamiento crítico, se puede aprender desde pequeño, pero en el caso de no hacerlo, siempre se puede adquirir a cualquier edad. Es como el fumador que decide quitarse de fumar a los 45 años, después de llevar más de veinticinco años fumando. Sin duda lo ideal es que nunca se hubiese puesto a fumar, pero lo bueno del pensamiento crítico es que se puede poner en práctica en cualquier momento de la vida. Claro, lo que es obvio es que con 45 años le costará más trabajo porque tiene que quitarse de encima los malos hábitos mentales adquiridos. Pero lo bueno de las personas que deciden dejar de fumar es que, pasado un tiempo, la regeneración del organismo es casi completa. Durante este libro intentaremos mostrar que se puede adquirir una higiene mental y que es posible tanto explicarla como aprenderla a través de los detalles de la vida cotidiana.

No hay atajos para aprender a pensar y tampoco los hay para ser feliz. No los hay porque no se puede ser feliz sin saber pensar correctamente. La felicidad es un modo de ser, se cultiva poco a poco, se tiene que cuidar diariamente y entonces, irremediablemente da sus frutos. Aprender a pensar bien es lo mismo. Se tiene que hacer lenta y paulatinamente, y con el paso del tiempo se convertirá en un hábito que nos ayudará a tener una vida equilibrada y a desarrollar una personalidad sólida.

La felicidad no es solo una emoción, no es algo instantáneo que nos levanta una sonrisa en un momento dado. La felicidad es algo mayor que un sentimiento, es algo más profundo, más sedimentado, es un modo de ser con el que despertarse cada mañana. Por eso hay que cultivarla paso a paso, para que la semilla que sembramos obtenga raíces y se ancle en nosotros hasta florecer y convertirnos en personas que nos sintamos y seamos felices.

Se puede ser feliz, pero como muchas cosas verdaderamente importantes en la vida, lleva mucho tiempo y esfuerzo conseguirlo; en cambio, la posibilidad de hallar la dicha existe siempre que se esté dispuesto a aprender a hacerlo, y para ello necesitamos desarrollar el pensamiento crítico lo más pronto posible, desde lo más liviano y aparentemente superficial hasta las cuestiones que más nos angustian. Como todo, es ponerse manos a la obra.

No se puede ser feliz sin pensar adecuadamente. Muchas personas aparentan felicidad, sonríen, salen perfectas en sus *selfies*, proyectan una imagen virtual de felicidad, se mantienen ocupadas en actividades de manera constante a la vez que se medican para luchar contra una sensación de vacío que les atemoriza. De vez en cuando, sienten alegría en un viaje al extranjero, en una visita a un restaurante chic o cuando asisten a un espectáculo en Gran Vía, y puede que, sin darse cuenta, confundan esto con la felicidad.

No se trata de aprender a ser optimista porque sí, no hablamos de eso, se trata de aprender a construir un modelo de vida cuya raíz esté asentada en la felicidad, entendida como una manera de ser.

LA CURIOSIDAD

Comenta el profesor y asesor filosófico Lou Marinoff que cuando dialoga con un paciente (que padece de algo) en busca de una terapia filosófica que le pueda ser de utilidad, hay que intentar primero ver qué tipo de personalidad tiene, y en función de eso, explorar los modelos filosóficos en los que se sienta más cómodo. No se trata de imponer, sino de investigar y adecuar las distintas visiones de los filósofos con la del paciente y analizar su filosofía de vida. Todos tenemos una filosofía sobre la vida que nos vamos construyendo, y la mayoría de las ocasiones lo hacemos sin darnos cuenta. Somos muy pocos los que reflexionamos sobre ella. Usando la frase del filósofo francés Michel Onfray: «Todos nacemos filósofos, pero solo unos pocos tienen la suerte de seguir siéndolo cuando crecen». Esta cita siempre me ha parecido muy acertada para entender el mundo en el que nos movemos y el tipo de personas en las que nos estamos convirtiendo.

Lo bueno de aprender a pensar bien, de saber usar el pensamiento crítico, es que se convierte en un arma que podemos diseñar a nuestra medida y que nos acompañará durante toda la vida. No es cuestión de seguir los consejos sobre lo que tenemos que hacer, sino de construir nuestra filosofía de vida haciendo uso de la mejor arma que tenemos para protegernos contra la infelicidad, la ansiedad, la depresión, las frustraciones, el sufrimiento o el miedo: el pensamiento crítico.

Un arma puede cumplir varias funciones. En primer lugar puede ser un instrumento de defensa contra las fuerzas negativas que se manifiestan a través de los *mass-media*, a través del acoso al que nos someten las pantallas que nos rodean, los pensamientos dañinos, las ideas insustanciales... Es un escudo poderoso contra estos ataques, sobre todo de cara a defendernos de las personas tóxicas, manipuladoras, y de ese modelo de individuo que tan acertadamente ha definido Bouchoux como «el perverso narcisista». De manera que, cuando esta sociedad nos intente agredir usando miles de estrategias y todo el arsenal que tiene a su alcance, siempre podemos refugiarnos en nuestro búnker del pensamiento crítico.

Pero un arma también sirve como elemento disuasorio para mantenernos en paz. Cuando sacamos a relucir nuestro arsenal de ideas, reflexiones, nuestra filosofía de vida asentada en ese pensamiento crítico, alejamos a todas aquellas personas e ideas dañinas que, viendo el potencial que tenemos, se retirarán de inmediato, conocedoras de la futilidad de su empresa.

Para manejar esta arma es necesario que sepamos de qué elementos se compone. Todos nacemos ciertamente filósofos, es decir, llegamos al mundo y nos llenamos de asombro, sobre todo en las etapas iniciales de la vida donde todo te provoca admiración e intriga, donde te preguntas por lo que te rodea y por los que te rodean.

Traemos de serie, de manera innata, un compendio de actitudes que por antonomasia se asocian a la filosofía: la perplejidad y el asombro por una parte, y por otra parte la necesidad de saber, la capacidad de cuestionar y preguntar, en una palabra: la curiosidad. Pero con el paso de los años, vamos entrando en el imperio de lo previsible, de la vida precocinada, de la tiranía de la inmediatez, y en una turbotemporalidad que hacen que cada vez sea más difícil sorprenderse por algo.

Es importante desarrollar y mantener una curiosidad consciente y lo más sana posible de cara a no abrir la Caja de Pandora. Si no protegemos la curiosidad bajo el amparo del pensamiento crítico, podemos terminar cayendo en la ansiedad por querer acudir a todos los estímulos que de manera apabullante nos invaden a diario.

La curiosidad del niño, del infante, es neutral porque todavía no tiene desarrollados los procesos de responsabilidad asociados con las consecuencias de su interés. Pero en los adultos la cosa cambia. La curiosidad del niño es movida por el asombro, pero en los adultos, en muchas ocasiones, se convierte en el motor del conocimiento. Queremos saber cómo funciona algo, cómo arreglarlo, cómo mejorarlo, cómo modificarlo, y este pensamiento en el fondo encierra la idea de poder. La ciencia bebe directamente de esta curiosidad adulta. Por poner un ejemplo, Oppenheimer, uno de los padres de la bomba atómica y director del famoso Proyecto Manhattan, dejó escrito en su cuaderno de notas:

«Cuando ves algo técnicamente atractivo sigues adelante y lo haces; solo una vez logrado el éxito técnico te pones a pensar qué hacer con ello. Es lo que ocurrió con la bomba atómica».

Esto nos pone de manifiesto que la curiosidad de un adulto no puede ser neutra sino reflexiva, y cabe preguntarse si el hecho de que se pueda hacer algo implica que se deba hacer.

No hace mucho coincidía en la grabación de uno de los programas con más solera de la parrilla televisiva, *La aventura del saber*, con el profesor Martínez Mojica, un pionero de nivel internacional en la técnica de CRISPR, el corta-pega genético, y le preguntaba sobre el proceso de responsabilidad ética en sus investigaciones. Me contestó que la Universidad tenía un comité bioético y me explicó su labor como investigador, desarrollando la parte técnica en conjunción con otros expertos internacionales. Recuerdo que le comenté mi sorpresa al descubrir que en el actual Comité Nacional de Bioética no había ningún especialista en ética, todos eran doctores en Derecho, Medicina, Biología, Ciencias Económicas..., y un único licenciado en Filosofía y Teología de entre los trece miembros que lo componen. Este dato, a mi entender, es significativo sobre el modelo de sociedad en el que nos encontramos, donde la ciencia y la técnica, bajo el imperio de la economía, marcan el paso a seguir, y muy por detrás, a una distancia cada vez más infranqueable, se halla una «curiosidad humanística», que llena las estanterías de libros de autoayuda pero que no solventa este tipo de cuestiones.

Por supuesto, al analizar la composición del Comité de Bioética, sobra decir que son todos los que están, pero que no están todos los que deberían. Ya en la figura de Hipócrates, uno de los padres de la Medicina, se aunaban conocimientos técnicos con saberes filosóficos, no en vano se relacionaba con filósofos como Demócrito y Gorgias, y si hablamos de legislación solo hay que recordar libros como *Las leyes* de Platón o *La Política* de Aristóteles, por usar dos de los más conocidos, donde la filosofía era indisociable del desarrollo y organización social. Pero estamos viviendo malos tiempos para la filosofía, para la reflexión ética (Ley Wert), para las humanidades y sobre todo para el pensamiento crítico.

Qué duda cabe de que tenemos que potenciar la investigación en nosotros mismos si no queremos perder la actitud filosófica ante la vida. Pero tenemos que hacerlo desde el umbral de una curiosidad humanística y responsable. Ser curioso por ser curioso no conduce a ningún sitio. De lo contrario, puede pasarnos que la curiosidad termine matando al gato, después lo modifique genéticamente y finalmente lo reviva como mascota de Frankenstein.

Tenemos que fomentar la curiosidad desde que somos niños, pero si queremos que esta curiosidad desemboque en algún tema práctico, tenemos que dotarla de pensamiento crítico. La curiosidad no es un fin, sino un medio para lograr un objetivo, y tenemos que pensar previamente hacia qué propósito nos queremos dirigir.

Son tiempos maravillosos pero abrumadores.

Hacemos encaje de bolillos para multiplicarnos y poder atender a todos, o al menos, al máximo número posible de tentaciones. Esto nos sumerge en una hiperactividad, incluso cuando estamos sentados en el sofá a las 23:00, intentando ver una serie de televisión, a la vez que no podemos evitar mirar las últimas notificaciones de las redes sociales, y quién sabe si hasta contestando un email del trabajo que ha llegado a última hora como urgente. Y por si fuera poco, cuando esta hiperacción no está presente en nuestras vidas, entonces nos invaden las emociones. Emociones de insatisfacción, de angustia y en muchas ocasiones de ansiedad o tristeza, mezclada con un aburrimiento que para algunas personas resulta insoportable.

Las estanterías destinadas a los libros de autoayuda no dejan de crecer, y aumenta la inquietud por la educación emocional, no solo a nivel académico, basta con ver las novedades sobre técnicas pedagógicas y los cursos de formación sobre educación emocional que se imparten por doquier, sino también en cuanto al incremento en la demanda social relacionado con actividades centradas en el control y/o comprensión de las emociones, el *coaching* y el *mindfulness*, la meditación, el yoga... No hay centro deportivo o gimnasio que se precie que no tenga esta oferta como elemento de «salud mental», pero ¿existe alguna actividad que se ocupe del buen desarrollo del pensamiento crítico o ayude a reflexionar sobre la filosofía de vida que mejor pueda encajar en cada uno?

Queremos hacer cosas, y queremos sentirnos bien, pero terminamos angustiados porque no podemos hacer todo lo que queremos y, por lo tanto, no logramos sentirnos bien. Imbuidos en el mundo del hacer, sometidos al imperio de la hiperacción, no es de extrañar que no seamos capaces de realizar un análisis de nuestro proyecto de vida. En la mayoría de las ocasiones, en lugar de construir nuestro camino, nos dejamos llevar por los caminos de otros. Saber qué ideario vital tenemos, qué filosofía de vida es la más conveniente teniendo en cuenta nuestras circunstancias, lleva implícito dejar a un lado la acción y sustituirla por la contemplación, por la reflexión.

Como siempre estamos viviendo acelerados, terminamos buscando soluciones apresuradas que atajen el problema que se nos acaba de presentar. Los gabinetes de pedagogía infantil están repletos, los psicólogos no dan abasto y los psiquiatras tienen llenas sus consultas. Cuando buscamos a estos «profesionales de la salud mental», en muchas ocasiones acudimos a varias sesiones, recibimos los consejos o las pastillas pertinentes y esperamos a que hagan efecto del modo más inmediato posible. Estamos asistiendo a lo que ahora llamaríamos «un *coaching* de la salud mental», que ofrece soluciones específicas para arreglar problemas concretos, pero que no es capaz de cambiar un modelo de vida. Entonces, si ya tenemos estas fuentes de ayuda estructuradas en nuestra sociedad, ¿por qué acudir a la filosofía? ¿Qué sentido tiene buscar soluciones a nuestros problemas a través de las teorías de una serie de pensadores que parecen estar muy alejados, tanto en tiempo histórico como en estructura social, de nuestras vidas? La razón es bastante simple, muchos de los problemas que tenemos, o que nos iremos encontrando, no han surgido por generación espontánea, sino que han necesitado su tiempo para acrecentarse, y pretendemos resolverlos con terapias del instante. Queremos poner el parche para taponar el problema, pero después no aplicamos la cura. Para esto suele funcionar el tratamiento psiquiátrico e incluso el psicológico; en ambos casos se pretende que en un momento determinado podamos recomponer el equilibrio frente al problema, pero después queda lo más difícil: extirparlo. Por lo general, los problemas tienen un devenir histórico de calado, no se solucionan en unas sesiones o con unas píldoras, conllevan una reflexión de fondo sobre la filosofía de vida que hemos adoptado la mayoría de las veces sin ni siquiera darnos cuenta.

El problema de categorizar el malestar como enfermedad mental es relativo y lo que aquí consideraremos es más bien una «filosofía de vida», cada uno la suya propia, que se acerque a la felicidad de manera sólida. Ya dependerá de cada cual y de por dónde pase su objetivo vital. Pero desde luego no creemos que muchas de las personas infelices o angustiadas tengan problemas mentales irresolubles, que no sean capaces de resolverse con una buena higiene mental a través del pensamiento crítico. Para esta labor usaremos la filosofía, porque *filosofía* no es otra cosa que amor por el saber, por el conocer. Además cuenta con más de 2000 años de experiencia a su espalda, ocupándose, entre otros temas, de aclarar la cuestión sobre cómo llevar una buena vida.

EL CÉSPED Y EL ÁRBOL

No es la primera vez que uso este ejemplo, pero no me resisto a aludir a él porque creo que es una metáfora muy clarificadora de cara a entender mejor qué modelo de felicidad es el ideal a construir, haciendo un buen uso del pensamiento crítico. Podemos elegir la felicidad del césped o la felicidad del árbol. El césped tiene muchas ventajas, estéticamente es muy bonito y si nos tumbamos sobre él notaremos su comodidad. Además crece con mucha facilidad, no necesitamos esperar mucho tiempo para poder disfrutarlo. Se planta, se riega un poco a diario y crece, es una planta muy agradecida, pero tiene una serie de inconvenientes que es necesario tener en cuenta: posee una raíz frágil, poco profunda, de modo que cualquiera que dé un pequeño tirón puede arrancarlo sin apenas esfuerzo; necesita un cuidado diario y es relativamente delicado; sufre mucho con los cambios meteorológicos, será el primero en secarse si no tiene agua o en pudrirse con una lluvia intensa y persistente; además, la facilidad con la que crece es la misma que con la que muere, cualquier acontecimiento puede afectar a su quebradiza estructura.

El árbol es todo lo contrario. Su semilla tarda mucho

en germinar y necesitamos años para poder disfrutar de su sombra. Crece a su ritmo, no tiene prisa por demostrar la belleza de sus ramas y de sus hojas, sino más bien por asegurarse un tronco y, sobre todo, unas raíces que le permitan enfrentarse a la vida sin miedo. No necesita grandes cuidados, apenas un poco de agua al principio, pero después sus raíces serán las que busquen el alimento, las que profundicen, las que tengan que apañárselas para sujetar el resto del tronco. Frente al césped, el árbol no tendrá problemas con los cambios meteorológicos y no temerá a las grandes tormentas. Al tener un tronco fuerte, las tempestades podrán partirles algunas ramas o hacer que sus hojas se caigan, pero el árbol seguirá siendo árbol.

Este, cuando su tronco empieza a fortalecerse, apenas necesita muchos cuidados, es capaz de seguir creciendo sin mucha ayuda. Una vez que alcanza su madurez en ese proceso lento, será capaz de dar sombra a las personas que se acerquen a su tronco y de dar cobijo a otros animales en sus ramas, dejando que otros construyan sus nidos y se refugien de las tormentas y del sol bajo sus hojas.

Como dijimos al principio, aprender a ser feliz, al igual que pensar de manera crítica y tener una buena higiene mental, lleva su tiempo, y en la sociedad del instante, de lo rápido, de la turbotemporalidad, de la recompensa inmediata, existen muchas personas que han elegido, casi sin darse cuenta, convertirse en césped. Una planta que crece rápido y que por fuera presenta un verde intenso y un tacto suave y agradable, pero que está expuesta a todas las veleidades de la meteorología y de la acción humana. Un césped que, si bien progresará muy rápido para poder mostrar lo verde de su tallo, sin embargo, tendrá que rodearse de más césped y de otro tipo de plantas, porque un césped solitario no hace jardín.

Creo que el modelo de vida, el de pensamiento y el de felicidad se encaminan cada vez más por el formato césped. Personas que hacen lo que otros hacen, que creen que el concepto de vida y de felicidad es lo que esos otros dicen, y necesitan el refuerzo de todos, pero después, cuando llega el más mínimo inconveniente, unas gotas de lluvia, un sol de justicia un día de verano o una simple pisada, sufren mucho porque no tienen ni la raíz ni el tallo preparados para hacer frente a las adversidades.

Las personas que crecen como el césped son las que más padecen los pequeños detalles de la vida diaria, las minucias de la cotidianidad, porque no saben separar ni valorar adecuadamente lo transcendente de lo superficial. Por contra, el árbol no entrará en crisis existencial porque llueva, haga viento, o alguien decida recostarse en su tronco o refugiarse bajo sus ramas. Solo una catástrofe impedirá que el árbol pueda seguir creciendo.

En el mundo en el que estamos es complicado cultivar árboles porque lleva tiempo y queremos resultados inmediatos. Pero no podemos olvidar que si logramos tener una felicidad enraizada, como la del árbol, no solo seremos felices de manera reposada y segura, sino que además ayudaremos a que las personas que se acerquen a nosotros puedan disfrutar de nuestra sombra, de nuestro tronco, y tengan un lugar donde refugiarse cuando lo necesiten.

A esto hay que sumarle una cosa importante: no se es feliz si uno no es plenamente consciente de su felicidad, si no es una felicidad construida desde uno mismo, reflexionada. Sentirse significa darse cuenta, tener la capacidad de hacer aquello que, según Sócrates y el oráculo de Delfos, era el ejercicio de sabiduría más complicado de todos los que existían: conocerse a uno mismo. Un niño normal que pasa el día jugando con sus amigos, riéndose, llorando, comiendo con sus padres, divirtiéndose..., a los ojos de un adulto es un niño feliz, y no serían pocos los que se cambiarían por ese niño. Imaginen por un momento lo maravilloso que sería poder volver a la infancia, con esa inocencia, esa falta de rencor, esa carencia de responsabilidades, ese cariño de tus seres queridos...

Pero no se engañen, los niños son felices de la única manera en la que pueden serlo, siendo niños, con la mentalidad infantil y dentro de su comprensión de la felicidad, una felicidad a medida del césped, ligera y frágil. Apenas reflexionan sobre su paradigma de bienestar, pues hablamos de una felicidad muy infantil, como no podría ser de otra manera, que no ha sido lograda ex profeso, que no ha sido conscientemente construida ni meditada. El problema de muchos adultos es que seguimos anclados en esta idea de felicidad pueril, la de no asumir responsabilidades, la de la risa fácil, la de disfrutar del momento sin proyectos de vida autónomos, pero querer cambiarse por la felicidad inconsciente de un infante es un error, porque este modelo de prosperidad es frágil e insustancial.

PASCAL Y SPINOZA. LA ALEGRÍA DE MEJORAR

«Todo el mundo piensa», qué verdad más grande y vacía. Es cierto, todos pensamos, pero la gente se empeña no tanto en aprender a pensar bien, sino en tener la razón, y esto es mucho más preocupante que saber pensar bien. Siempre se ha asociado pensar con razonar: «¡qué bien piensa!» y «¡qué bien razona!» eran sinónimos y todavía siguen siéndolo. A esto se le sumaba la inteligencia: «¡qué inteligente es!». Pero una cosa es pensar y otra distinta es razonar. El proceso de razonar es secundario si lo comparamos con el de pensar. Desde mi punto de vista, pensar es un proceso sublime que se ejecuta por encima de cualquier razonamiento. Podemos razonar miles de situaciones, argumentar de manera objetiva en torno a millones de problemas, diseñar razonadamente todo un código legal en el que nos pongamos de acuerdo, y podemos razonar de manera ordenada y lógica cómo organizar una ciudad ideal, al igual que a lo largo de la historia han hecho muchos filósofos. Por poner un ejemplo, Platón, cuando escribe su famoso libro *La República*, razona sobre cómo se tendría que organizar una sociedad perfecta donde todos se beneficiaran de todos. También lo hicieron Campanella, Tomás Moro con su *Utopía* o Marx con su sistema comunista, y así muchos más. Usar la razón de manera ejemplar, con una serie de argumentos incontestables, no implica que estemos pensando bien, de hecho algunas de esas utopías filosóficas, cuando se han intentado poner en práctica, han fracasado. Muchos son los motivos por los que fracasan, pero, entre ellos, está el de haber confundido «razonar» con «pensar». Podemos razonar, y es más, podemos incluso tener más razón que otros a la hora de justificar objetivamente las cosas, las ideas, los argumentos, pero no quiere decir que estemos ejerciendo en su totalidad lo que aquí denomino «pensar».

Pensar, tal y como yo lo veo, es un ejercicio donde se combinan los dos elementos esenciales del ser humano, la razón y el sentimiento. Sentir es una parte primordial que nos define también como humanos y no podemos dejar a un lado esta «faceta humanista» si queremos aprender a pensar bien. Pensar no es solo poner en marcha el aparato racional, aportando de manera objetiva los datos para que todos alcancen el mismo nivel de conocimiento. Pensar es también comprender que los datos no son nuestra totalidad, ni tampoco nuestra finalidad, y que el sentimiento, comprender cómo y qué es lo que sentimos, es fundamental para conocernos. Precisamente este obstáculo es el que encuentra la archinombrada Inteligencia Artificial a la hora de imitar los procesos mentales del ser humano.

Si razonar, si poner en marcha los procesos de razonamiento de manera objetiva nos definiese, probablemente ya habría robots iguales a nosotros con razonamientos más perfectos. Si solo fuéramos pura razón, llegaríamos a agotarnos, como ya defendió otro pensador relevante: Pascal. Este sostenía que el hombre tenía como finalidad el pensamiento, de tal modo que no puede evitarlo; es decir, pensamos por naturaleza (que lo hagamos bien ya es harina de otro costal). Pero si pensáramos constantemente, terminaríamos agotados, y precisamente por eso necesitamos ser agitados por las pasiones.

Pensar implica también el proceso subjetivo, la subjetividad, esa faceta única e inigualable de cada uno de nosotros que nos convierte en lo que somos, personas únicas e irrepetibles, imposibles de clonar. Podrían hacerlo con nuestro ADN, pero tendrían que traspasar nuestra memoria, nuestras experiencias y sensaciones, para poder realizar una copia fidedigna de nosotros mismos. Aprender a pensar es poder activar correctamente dos mecanismos que es mejor que permanezcan juntos a la hora de analizar un asunto o tomar una decisión: la razón y el sentimiento. Pensamos siempre desde una circunstancia humana, como ya defendió Ortega y Gasset, y si queremos pensar bien, no debemos obviar esta circunstancia. No podemos pensar en el vacío, situar las ideas alejadas de la realidad, donde solo les afecten las circunstancias que nuestro razonamiento quiera. Por eso el mecanismo del pensamiento crítico del que hablaremos a lo largo del libro será un proceso que aprenderemos a activar intentando no olvidar que también tenemos sentimientos y emociones (más instantáneos y sin mecanismos de reflexión), y que estas, como veremos en el apartado dedicado a la toma de decisiones, tienen mucho que decir a la hora de pensar adecuadamente.

Desde el inicio de la filosofía, el estudio de las emociones, cómo se generan, cómo nos afectan, cómo comprenderlas y, sobre todo, cómo controlarlas, ha sido fundamental para entender la naturaleza humana. No muchas cosas han variado tan poco a lo largo de la civilización como las emociones. Ya Aristóteles, en su libro de la *Retórica*, hablaba de algunas de las emociones más comunes como el miedo, la compasión, la vergüenza, la confianza, la intimidación, la ira... Cuestiones tan importantes para la felicidad como son la ética y la política, que tienen una carga emotiva de peso.

Autoras como Victoria Camps han destacado la importancia del gobierno de las emociones como referente de la ética. Es decir, aprender a pensar es poner el acento en el buen manejo y control tanto en la parte racional como en la parte emocional del ser humano.

Algunos filósofos han destacado el papel de la razón como órgano de conocimiento y sabiduría. Otros han elogiado la función de las sensaciones y emociones como la fuente de la que todo emana. Pero los hay que han demostrado la importancia de tener en cuenta la sumatoria de las dos partes. De entre estos traeremos a colación a un pensador singular: Spinoza. El psiquiatra Castilla del Pino, una de las mentes más capacitadas del panorama intelectual español, del que nos serviremos para explicar a Spinoza, llegó a decir de este que es el filósofo clásico que más se aproxima a la modernidad en lo referente a la teoría que tenía sobre los sentimientos, las pasiones y las afecciones.

Spinoza, en su libro *Ética*, pone de manifiesto la conexión entre las emociones y la razón (que denomina «mente»). Para este pensador, las emociones guardan una estrecha asociación con el esfuerzo de la mente para intentar mejorar y alcanzar (hipotéticamente) la perfección. En su manera de entender al ser humano, reconoce que tanto la razón como la sensación y las emociones son fuentes de conocimiento que trabajan unidas de manera indisociable.

En la teoría de Spinoza la emoción de la alegría surge porque la mente, ya sea por sí sola o unida al cuerpo, logra un grado más de perfección del que tenía, es decir, nota una evolución, una mejora. La alegría proviene de saber que física y mentalmente mejoramos como personas. Por el contrario, el dolor estará determinado por un descenso en el grado de perfección externa e interna.

Si tenemos en cuenta esta teoría sobre el empeoramiento o mejora en la evolución de los hombres, podremos aceptar que la felicidad es un modo de ser que se puede aprender, de manera que si no prestamos interés a este aprendizaje, empeoramos y sufrimos, y si nuestros niveles de voluntad e inteligencia son persistentes en los procesos de aprendizaje, entonces mejoraremos. Para Spinoza se progresa en alegría al mismo tiempo que se mejora como persona, y esta mejoría nos aproxima más a la perfección.

Spinoza constituye lo que en filosofía se denomina «un filósofo monista», es decir, creía que solo existía el cuerpo, entendido como el lugar donde todo lo demás se incluía, de modo que el alma (lo relacionado con lo mental) nace, se desarrolla y muere con este. Para este pensador los sentimientos modificaban el estado de cada persona, es decir, que las afecciones alteran nuestro modo de ser, y así llega a escribir: «Una cosa cualquiera puede ser, por accidente, causa de gozo, de tristeza o de deseo». En lo referente por ejemplo al odio y al amor, afirma:

> «Si imaginamos que una cosa que nos hace experimentar habitualmente una afección de tristeza tiene algún rasgo semejante con otra que nos hace experimentar habitualmente una afección de gozo igualmente grande, la odiaremos y la amaremos al mismo tiempo».

Según Spinoza, como bien señala Castilla del Pino, lo que nos afecta no es ya tanto el objeto, no son las cosas en sí, sino más bien la imagen del objeto que tenemos. Es decir, nosotros nos formamos la imagen del objeto. El grado en el que un acontecimiento, idea, cuestión, etc. nos afecta está condicionado no tanto por lo que sucede, sino por la manera en la que interpretamos este acontecimiento.

Lo importante es el modo en el que enfocamos y resolvemos nuestro pensamiento, la idea que nos hacemos de lo que sucede. Si aprendemos a gestionar nuestro pensamiento crítico, lograremos disminuir el poder de las circunstancias y potenciar el autocontrol. Si esto lo aplicamos a nuestra vida de cara a entendernos mejor a nosotros mismos, bien podríamos decir que las emociones que nos afectan no son provocadas directamente por las cosas que suceden, sino por las ideas que nos hacemos de ellas.

Cuando algo nos afecta negativamente, esta sensación solo se apaciguará si hacemos el esfuerzo suficiente para interponer otra cosa que nos provoque la idea de satisfacción o felicidad. El sufrimiento puede calmarse si ocupamos la mente en cosas opuestas al mismo, de lo contrario, la razón potenciará el dolor:

«Nos esforzamos en afirmar de una cosa que odiamos todo lo que imaginamos que la afecta de tristeza, y por el contrario, en negar todo lo que la afecta de alegría… Vemos fácilmente por esto que el hombre aprecia de sí mismo y de la cosa amada más de lo que es justo y que, por el contrario, aprecia menos de lo que es justo en la cosa que odia».

En este caso, la razón no se pone en marcha, por eso es tan importante activar lo antes posible el interruptor del pensamiento crítico si queremos salir de ese estadio de odio y tristeza. La razón puede entrenarse para no caer en esa espiral de negatividad y decadencia a la hora de enjuiciar algo que nos provoca mal o dolor. No podemos olvidar que la razón y la emoción siempre juegan de la mano. Tenemos que estar atentos a ambos factores cuando busquemos construir una filosofía de vida que nos proporcione serenidad y felicidad.

Ejercer el pensamiento crítico es aprender a ser mejores humanos porque, si hacemos caso a Spinoza, el pensamiento lleva la semilla de la felicidad implícita. Una semilla que solo puede germinar si aprendemos a pensar bien y sabemos usar el interruptor del pensamiento crítico, una herramienta que nos hará mejores personas a través del autoconocimiento y con la que interpretaremos mejor el mundo que nos rodea y las circunstancias en las que se desenvuelve la vida de los demás. Este interruptor tiene como finalidad algo tan simple como «saber estar» en el universo.

«Saber estar» significa que, por una parte, nos conocemos bien; sabemos cómo controlarnos cuando tenemos que hacerlo y detectar las señales de alarma que provoca nuestro organismo; distinguimos cuáles son nuestras limitaciones, nuestros defectos y virtudes; es decir, sabemos estar en paz con nosotros mismos. Después, y lo que no es menos importante, significa que sabemos convivir con las circunstancias que nos rodean en cada momento y mantenernos independientes de la situación en la que nos encontremos; que sabemos estar con personas diversas, sean las que sean; que podemos interpretarlas, leer sus necesidades; que somos capaces de analizar sus virtudes y descubrir sus carencias, y que, además, tenemos la suficiente determinación para actuar en función de las mismas.

Es importante darse cuenta de que si uno usa de manera inteligente el interruptor del pensamiento crítico, no solo hará que su vida sea más plena, auténtica y feliz, sino que además será capaz de hacer que la vida de las personas que están a su lado pueda mejorar. Por poner un ejemplo, mantener una relación de pareja por muchos años, y que además sea una relación feliz y satisfactoria para las personas involucradas, implica un nivel de inteligencia muy alto. Necesita que el interruptor se accione de manera constante para entender a la otra persona.

Saber lo que la otra persona siente, empatizar con ella, simpatizar, tener la vista de anticiparse a lo que puede sentir o pensar, darse a conocer al otro, hacerle entender cómo eres, elaborar un proyecto de pareja en el que ambos se sientan a gusto, dejar independencia a los miembros a la vez que cada uno sabe del compromiso auténtico del otro... Es decir, las relaciones a largo plazo suponen un ejercicio magnífico para poner a prueba nuestro aparato de pensamiento crítico y así saber si estamos dispuestos a colocarnos en la piel de otra persona y construir una vida feliz.

KANT. TONTOS Y COBARDES

Muchas son las variables a tener en cuenta cuando se trata de relacionar el pensamiento crítico y la felicidad. No sería mala idea analizar aquello que Immanuel Kant, de manera tan exquisita, llegó a decir en las primeras líneas de su obra *¿Qué es la Ilustración?*: *¡Atrévete a pensar, sal de tu minoría de edad intelectual!* Pocas líneas al inicio de un texto son tan esclarecedoras como este pequeño párrafo con el que Kant inicia su tratado sobre la Ilustración y que sigue así:

> «La Ilustración es la salida del hombre de su minoría de edad. Él mismo es culpable de ella. La minoría de edad estriba en la incapacidad de servirse del propio entendimiento, sin la dirección de otro. Uno mismo es culpable de esta minoría de edad cuando la causa de ella no yace en un defecto del entendimiento, sino en la falta de decisión y ánimo para servirse con independencia de él, sin la conducción de otro. *¡Sapere aude!* ¡Ten valor de servirte de tu propio entendimiento! He aquí el lema de la Ilustración».

Pero ojo, ser una persona ilustrada no quiere decir

que sepamos sobre muchas cosas o diversos temas. Por fortuna, cuando se trata de buscar algún conocimiento en concreto, el acceso a un determinado tipo de saber se encuentra al alcance de la mano, a golpe de clic. Cuando hablamos de ser una persona ilustrada y lo asociamos a la necesidad de salir de nuestra minoría de edad intelectual, a lo que nos estamos refiriendo es a ser una persona autónoma, que piensa por sí misma.

EL PERSONAJE

Kant fue un hombre peculiar que vivió en el siglo XVIII (1724-1804). Permaneció gran parte de su vida en la misma ciudad donde nació, Konisberg, en la Prusia Oriental, que por aquel entonces contaba con 50.000 habitantes, cierto nivel económico y mercantil, y una universidad en la que Kant ejerció como profesor toda su vida. Su padre era guarnicionero de profesión y su madre, por lo que sabemos, era una mujer con una gran inteligencia innata y de origen alemán. Llevaron una vida normal para una familia de religión pietista, con una madre, según el propio Kant, bondadosa, religiosa y austera, tal y como esta doctrina reclamaba.

El pietismo es una variante de la religión luterana en la que se potencia un modelo de ser cristiano estimulado por la piedad y que tiene como compromiso una conducta recta, que apostaba por una independencia personal e individual y religiosa, llegando a declarar que la religión es una cuestión totalmente personal. Algunos estudiosos detectan en Kant influencias pietistas tomadas de la realidad de su hogar y que después trasladó a su filosofía, sobre todo en el plano moral.

Es verdad que los filósofos tienen fama de ser personajes peculiares, pero en el caso de Kant esta particularidad es bastante notoria, teniendo en cuenta que hablamos de una persona extremadamente singular. Era austero y enormemente disciplinado con sus hábitos, se cuidaba obsesivamente y era inflexible en sus rutinas, probablemente porque era de salud delicada. Seguramente esta disciplina le ayudó a vivir hasta los ochenta años, cuando la media de edad de un varón del momento no sobrepasaba los cincuenta. Se levantaba todos los días a las 4:55 de la mañana y preparaba el trabajo y las lecciones que tenía que impartir. Comía siempre rodeado de gente, al menos de tres personas, pero a ser posible no más de nueve, porque decía que era la varianza exacta para poder disfrutar de la comida en compañía, ya que comer solo era contraproducente para la salud.

No deja de ser curioso que, a pesar de tener en gran aprecio la sociabilidad, Kant no se casara nunca, no se le conociera pareja y mostrase reparo al acto de la eyaculación, posiblemente por la creencia del momento de que cada eyaculación significaba una pérdida de energía y, teniendo en cuenta el extremo cuidado que tenía con su salud, no era de extrañar que tomara esta resolución y apostase por el celibato. Después de comer, y siempre a la misma hora y en el mismo lugar, según cuentan, Kant daba el mismo paseo rutinario para ayudar a la digestión, pero como era un pelín maniático, solía ir al mismo ritmo, velocidad e intensidad y por los mismos sitios para evitar transpirar más de la cuenta. No quería sudar y sabía qué ritmo tenía que llevar para impedirlo, conocedor de la posibilidad de pillar un resfriado si se enfriaba. Se mostraba considerablemente meticuloso ante cualquier proceso orgánico que pudiera dar lugar a una enfermedad. Era una persona intelectual y mundana, y muy sociable, y se granjeó el respeto de la sociedad filosófica del momento y de la nobleza. De hecho, a pesar de no salir de viaje casi nunca, esto no le impidió estar al día en lo referente a la evolución de acontecimientos históricos tan relevantes como la revolución de EE.UU. o la Revolución francesa. Tampoco le impidió conocer las distintas teorías filosóficas, físicas y matemáticas del momento e implicarse en las discusiones intelectuales. En muchas de las reuniones que hacía en su casa, gustaba de invitar a personas de prestigio que además fueran especialistas en distintos campos del saber para ponerse al día con las novedades del momento.

La amplia cultura que manejaba (era un lector empedernido), la gran oratoria que tenía y la variedad y el empeño que ponía en las relaciones sociales de las que gozaba le hicieron ser muy crítico con aquellas personas que fácilmente se dejaban influenciar por los demás, sin someter a criterio las verdades ajenas que asumían como propias. Su apoyo al proyecto de la Ilustración lo sitúa como una eminencia y un pensador de referencia para todo aquel que quiera aprender a pensar de un modo crítico y sobre todo autónomo. Es uno de los máximos representantes del pensamiento crítico. Solo tenemos que repasar el texto introductorio de su obra, que hemos copiado antes, para darnos cuenta de la importancia que tiene para este hombre el poder ser libre de pensamiento y autosuficiente a la hora de encarar la vida; de lo contrario seremos carne de cañón para los manipuladores.

LA VALENTÍA

Kant señalaba que ser una persona ilustrada era abandonar la minoría de edad intelectual en la que muchas personas se refugian a lo largo de su vida. ¿Qué quería decir con esto? Es una queja hacia a los millones de personas que se dejan llevar por lo que sucede a su alrededor, las costumbres, los hábitos, las modas..., sin ejercer su propia reflexión en torno a lo que les ocurre. Ser un menor de edad intelectual significa asumir los pensamientos e ideas de otros como propios sin haber pasado ningún filtro, de cara a saber si son convenientes para nosotros o si resultan correctos o erróneos.

Ser religioso porque así te han educado, ser liberal o de izquierdas porque es lo que has vivido en tu círculo cercano, casarte porque es lo que se espera de una relación asentada... Si ampliamos el espectro de ideologías y modelos de vida a nuestros días podríamos exponer miles de ejemplos: tener redes sociales porque todos las tienen y usarlas de la misma manera que todos, sin pensar previamente si eso nos puede beneficiar o perjudicar; querer ganar mucho dinero porque nos han dicho que es lo mejor que te puede pasar en la vida; viajar constantemente porque todos nos comentan que es la mejor manera de aprender cosas... Ante todo esto, Kant decía: «Atrévete a pensar», a pensar por ti mismo, y este se convirtió en el lema de la Ilustración.

Atreverse es otra palabra importante, porque lo más sencillo es dejarse llevar, no enfrentarse a uno mismo, no tener que analizar o cavilar sobre las cosas que nos rodean. Es mucho más fácil hacer lo que dicen que hay que hacer, y pensar como dicen que hay que pensar, porque, de paso, evitamos el enfrentamiento. Pero en el fondo sabemos que es una actitud de cobardía y pereza. Lo cómodo es tener siempre a otro que piense por ti, porque tomar decisiones, sobre todo las importantes, conlleva un alto grado de responsabilidad para el que muchos no están preparados. Pero si queremos construir nuestra propia filosofía de vida, hay que ser valientes.

Si nos venden que tenemos que ser creativos, nos ponemos a ello sin analizar previamente si es provechoso para nosotros, si tenemos capacidades, si es realmente lo que más nos encaja o lo que nos gusta. Si nos indican que tenemos que ser innovadores, así lo hacemos. Si se impone la moda del emprendimiento, nos convertimos en empresarios sin saber si tenemos cualidades y capacidades para ello... Actuando así, nunca seremos dueños de nuestra propia vida.

Muchas veces nos metemos en berenjenales porque es lo que dicen que toca hacer, y nosotros, que no estamos habituados a analizar nuestra filosofía de vida, y tampoco tenemos la costumbre de examinar las ideas de los demás, nos dejamos arrastrar por la corriente. Por eso he seleccionado a Kant como pensador de cabecera, para que nos ayude a espabilarnos, para que nos agarre por la pechera y nos zarandee al grito de «¡Atrévete a pensar!». Porque es la única manera de convertirse en uno mismo. Esto solo se logra elaborando cada uno su propia filosofía de vida. De no ser así, o eres un borrego, o un pusilánime, o un tonto.

¿QUÉ ES SER UN TONTO?

Pues básicamente es tener la cabeza hueca, no saber pensar bien, ser un bobo, un zonzo. Dejar que otros piensen por ti resulta, sin lugar a dudas, contraproducente, porque los otros no son tú; es decir, cuando uno piensa, lo hace desde sí mismo, con sus características, su contexto, su manera de ver las cosas y de sentirlas. Si de repente disponemos que otros decidan y piensen por nosotros, personas que no saben cómo somos, que desconocen nuestras inquietudes y necesidades, entonces estamos apropiándonos de las ideas de esas personas que poco o nada tienen que ver con nosotros.

Hemos de reconocer que no es fácil activar lo que aquí llamamos «el interruptor del pensamiento crítico»; de hecho, cada vez es más complicado, mucho más en los tiempos que corren. Estamos viviendo en un momento histórico donde lo que nos rodea está en constante cambio y los acontecimientos se aceleran por momentos. No solo se aligera el ritmo de vida, también aumentan exponencialmente los estímulos. El futuro, como categoría temporal, se ha acortado, y la incertidumbre es ahora más palpable que nunca. Con un futuro tan incierto, y con miles de mensajes contradictorios y alejados de la realidad, no es de extrañar que no queramos encender ese interruptor del pensamiento crítico, porque da miedo tener que responsabilizarse del uso del mismo.

Más bien nos han provocado miedo. Ya Kant, hablando de cómo nos amedrentan, lo tenía muy claro, y así lo expone cuando dice:

> «Los tutores, que tan bondadosamente se han arrogado este oficio, cuidan muy bien de que la gran mayoría de los hombres (y no digamos que todo el sexo bello) considere el paso de la emancipación, además de muy difícil, en extremo peligroso. Después de entontecer a sus animales domésticos y procurar cuidadosamente que no se salgan del camino trillado donde los metieron, les muestran los peligros que les amenazarían en caso de aventurarse a salir de él. Pero estos peligros no son tan graves pues, con unas cuantas caídas aprenderían a caminar solitos; ahora que, lecciones de esa naturaleza espantan y le curan a cualquiera las ganas de nuevos ensayos».

Nos han inducido a no pensar por nosotros mismos, nos han tenido en pañales intelectuales. Los tutores de los que habla Kant son aquellas personas, instituciones sociales, educacionales y políticas que nos han dicho que es mejor hacer lo que ellos nos advertían, y lo que es más cruel, Kant reconoce una estrategia usada por todos ellos para que ninguno de nosotros quiera activar el mecanismo del pensamiento crítico. Nos insuflan el miedo de las consecuencias que puede producir tener autonomía de pensamiento. Nos presentan lo peligroso de su uso, y cuando intentamos activarlo y fallamos (porque nos equivocaremos una y mil veces), aprovechan la más mínima para justificar la peligrosidad y la inconveniencia de pensar por nosotros mismos.

Usan mecanismos de control con los que imponer su autoridad, donde se buscan personas dóciles y convencidas que obedezcan, pero, a ser posible, sin que se den cuenta de que obedecen, y lo hacen aplicando la sutilidad de lo conveniente, bajo el papel de protectores de la humanidad, aprovechando para inculcarnos de fondo el germen del miedo.

Lo que sucede cuando no pensamos es que nos pasan factura las decisiones que otros han tomado en nuestro nombre. Hay un documental de Icíar Bollaín, titulado *En tierra extraña* y realizado en 2014, donde se analizan las consecuencias de la crisis económica en España y la emigración de muchos jóvenes españoles bien formados, con estudios universitarios e idiomas, que tuvieron que marcharse al Reino Unido, en concreto a Edimburgo, para ganarse la vida en trabajos del sector servicios que no se correspondían con su formación universitaria. Trabajos como repartidores de comida a domicilio, o azafata de habitaciones de hotel, o de camareros. En este documental algunos jóvenes confiesan que no entienden qué ha pasado con sus vidas, porque ellos hicieron lo que se suponía que tenían que hacer, lo que les habían aconsejado hacer. Les habían dicho que tenían que estudiar y sacarse una carrera universitaria, y terminar un máster, y hablar idiomas..., y ellos lo hicieron. Pero ahora se encontraban con que todo eso no les ha servido para nada, y se sentían defraudados, decepcionados y en algunos casos estafados. ¿Acaso pueden derivar responsabilidades en el sistema educativo por el fracaso de sus proyectos vitales? ¿Hasta qué punto pueden eximirse de sus cometidos si no han activado el mecanismo del pensamiento crítico? ¿Por qué no se consideran a sí mismos los principales responsables de sus decisiones?

Por una parte, la sociedad se encargó de formar personas obedientes y dóciles de cara a ser productivos para el Sistema, pero cuando este Sistema descubre que la educación impartida no es la más adecuada, entonces se lava las manos y los acusa de no tomar sus propias decisiones. En situaciones así no podemos inculpar en exclusiva a un solo elemento. La comodidad de dejarse llevar por un lado y el modelo productivo ingobernable son los responsables de estas situaciones. Nadie se ocupó de formarlos en el pensamiento crítico, pero ellos tampoco tuvieron el arrojo de preguntarse por la conveniencia de lo establecido y mantener una actitud filosófica ante los acontecimientos.

Si queremos que nuestros hijos maduren (y esto vale también para nosotros y para cualquier edad) tenemos que acostumbrarlos a que tomen decisiones por sí solos desde pequeños. Decisiones en consonancia con los problemas de su edad. Es un ejercicio muy sano en el que, en lugar de estar siempre diciéndoles lo que tienen que hacer e imponiéndonos, les vamos dejando espacio para que ellos decidan. Pensar por uno mismo es algo que se puede enseñar y el mejor aprendizaje que existe es a través de la práctica. De lo contrario, estaremos educando a monigotes, a títeres fáciles de manejar.

EL VICTIMISMO

El victimismo que predican algunos jóvenes del documental de Icíar Bollaín es un ejemplo de no haber tomado las riendas de sus vidas, de no haber aprendido a encender el interruptor del pensamiento crítico. Lo más fácil, lo sencillo, como dice Kant, es haber hecho lo que te decían que había que hacer, y claro, cuando haciendo eso las cosas no salen bien, entonces buscamos culpables fuera de nosotros.

Creemos firmemente que los responsables de nuestra infelicidad, de nuestra desgracia, de nuestra mala fortuna, son siempre los otros. Lo peor es que muchas de estas personas están convencidas de que son víctimas de sus vidas y no verdugos, y este victimismo lo usan como falso consuelo.

Seguro que conocen a hombres y mujeres que se pasan la vida poniendo excusas y justificando las malas decisiones que toman sin reconocer nunca que ellos son los únicos responsables. Personas que no quieren pensar por sí mismas, que se amparan en la comodidad de ser simplemente obedientes. Difícilmente alcanzarán grados profundos de felicidad porque estarán ocupadas buscando culpables de sus malas elecciones. No deja de ser curioso que, cuando las cosas les salen bien, se atribuyen el acierto de haber hecho caso a alguien, o de haber seguido su consejo, o de haber atinado en la decisión. El éxito para ellos no está en lo acertado del consejo, sino en su decisión de haberlo llevado a cabo. Pero ojo, cuando la decisión de seguir un consejo o una advertencia les encamina a un mal resultado, entonces el culpable no está en ellos, que son los sujetos que han tomado la decisión, sino en lo malo que era este consejo o en lo desacertado del consejero.

Por el contrario, las personas que toman la decisión de activar el interruptor del pensamiento crítico asumen el riesgo del acierto o del error de manera plena. Alcanzan una madurez que les ayudará a valorar en su justa medida el modelo de vida que se han diseñado, sabiendo analizar cada recomendación que les han dado, sabiendo desechar aquello que les parecía que no encajaba con su modo de ser o con su personalidad.

Los primeros son víctimas, personas que van pidiendo compasión a diestro y siniestro porque ellos son mártires de los malos consejos de otros, de la mala suerte, de las circunstancias..., y no son capaces de reconocer qué grado de responsabilidad tienen sobre sus propias vidas. Pero no quiero reducir la responsabilidad del resultado de una decisión al solo hecho de decidir. Siempre hay factores incontrolables en nuestras determinaciones de los que no podemos culpar a nadie en concreto, lo que no quita que el mayor peso de la decisión finalmente recaiga en uno mismo.

En segundo lugar, encontramos a las personas decididas, agentes activos de su vida que no necesitan el refuerzo, el reconocimiento y la compasión de nadie, porque son conscientes de la responsabilidad que han tenido sobre sus actos.

Este interruptor tiene un funcionamiento muy particular, porque en muchas ocasiones se nos olvida que lo tenemos y creemos que estamos orientando bien nuestra vida sin necesidad de activarlo. En otras ocasiones, si no estamos acostumbrados a encender el interruptor, pueden suceder dos cosas: o bien que no sepamos dónde está y tengamos la sensación de que algo va mal pero no sabemos qué es porque no sabemos dónde está el interruptor, o bien que no sepamos cómo accionarlo a pesar de haberlo encontrado. Puede pasarnos que no sepamos cómo funciona. Este segundo caso supone un avance porque da por hecho que sabemos que lo tenemos y que lo necesitamos para poder ver las cosas con más claridad, y que nos angustia no saber utilizarlo.

Aparte de la tontuna, o la cabeza hueca, ¿qué otros motivos podrían impedirnos someternos al sano ejercicio del pensamiento crítico autónomo? Pues Kant lo dice un párrafo después: la pereza, la comodidad y también la cobardía.

«La mayoría de los hombres, a pesar de que la naturaleza los ha librado desde tiempo atrás de la conducción ajena (*naturaliter maiorennes*), permanecen con gusto bajo ella a lo largo de la vida, debido a la pereza y la cobardía. Por eso les es muy fácil a los otros erigirse en tutores. ¡Es tan cómodo ser menor de edad! Si tengo un libro que piensa por mí, un pastor que reemplaza mi conciencia moral, un médico que juzga acerca de mi dieta, y así sucesivamente, no necesitaré del propio esfuerzo. Con solo poder pagar, no tengo necesidad de pensar: otro tomará mi puesto en tan fastidiosa tarea».

Poco se puede añadir a estos argumentos tan bellos y tan sensatos. Si puedo pagar, no me hace falta pensar.

Pero el dinero, si no se usa «con cabeza», genera más insatisfacciones que alegrías.

No hace mucho, Michael Norton y Elisabeth Dunn publicaron un libro basado en los resultados de sus estudios sobre la relación entre dinero y felicidad, lo titularon *Happy Money: la ciencia de gastar inteligentemente* (2014). En este estudio presentan un alto porcentaje de personas cuyas vidas, tras haber adquirido grandes sumas de dinero en la lotería, se volvieron más miserables que antes de haberlo ganado. Pensaban que el dinero pagaría una buena vida, pero se equivocaron. Nada más ganar la lotería se mudaban de barrio a uno de clase alta, o se trasladaban a otra ciudad. Inscribían a sus hijos en colegios privados, se compraban chalés o casas independientes y aisladas, y cambiaban de rutina y de hábitos. Todo esto del día a la noche, sin un proceso de transición, porque pensaban que tenían que hacer aquello que ahora correspondía con su nivel económico. Las consecuencias fueron catastróficas. Rompieron con gran parte del núcleo social en el que vivían, desvincularon a sus hijos de su contexto y permutaron a un modelo de sociabilidad al que no estaban acostumbrados, llegando a sentirse más desgraciados que antes de ser ricos. Los amigos y familiares les pedían dinero y empezaron a desconfiar de todas las personas nuevas que conocían, porque no sabían si estaban interesadas en su dinero o en ellos mismos.

Entre las conclusiones del estudio de Norton y Dunn destacamos que el dinero da la felicidad si sabemos cómo y, sobre todo, con quién gastarlo. Según el análisis de los datos, el dinero aumenta considerablemente la felicidad si se gasta y se comparte con otros en lugar de derrocharlo en uno mismo. Muchos de estos nuevos ricos pensaron que el dinero era el mejor tutor para sus vidas y se equivocaron, no usaron el aparato del pensamiento crítico.

Hay momentos en la vida en los que tener un asesor, un orientador, una persona que te aconseje, es siempre positivo. La sociedad cuida estos detalles cuando somos pequeños y apenas sabemos nada, ni de nosotros ni del mundo que nos rodea. Por eso cuando somos infantes es igual de importante que los tutores (progenitores, maestros, religión en algunos casos...) nos orienten sobre lo que tenemos que hacer como que nos presenten opciones y nos den libertad (y obligación) para tener que decidir. Si son buenos tutores, nos forzarán a tomar decisiones por nosotros mismos. El problema surge si, siendo adultos, necesitamos todavía tener estos tutores que nos digan cómo orientar nuestra vida y nos sometamos a estos dictámenes sin análisis previo. En ese momento, por muy viejos que seamos, estaremos inmersos en la minoría de edad intelectual a la que Kant hace referencia. En pleno siglo XXI parece que la comodidad es el adalid de la felicidad. Si queremos hacer bien nuestro trabajo a la hora de educar, o de educarnos, tenemos que abandonar la comodidad de no decidir y de no analizar

Una de las claves del éxito en una persona es que sea capaz de hacer dos cosas vitales para alcanzar el bienestar: que pueda decidir por sí mismo y asumir las consecuencias de esta toma de decisiones.

El estandarte que más abanderamos en el siglo XXI,

y que se ha impuesto en cualquier modelo de vida que se precie, es el de la libertad. Pregonamos y defendemos nuestro derecho a ser libres. La libertad es algo intocable, el objeto de deseo de cualquier persona que no la posea. Pero si bien consideramos la libertad como un elemento innegociable, sin embargo no logramos educarnos en el buen uso de la misma, no conseguimos que las personas aprendan las consecuencias que tiene el acceso a la libertad.

Uno de los retos más imperantes en la sociedad para que una persona aprenda a pensar y se construya su propia filosofía de vida pasa por entender qué supone la libertad. Saber usarla correctamente, comprender la profundidad y el peso de la misma. Lo ideal es que, en los procesos educativos, le podamos otorgar ciertas libertades, casi como una imposición, para que tenga que enfrentarse al reto de la libertad. Tenemos que cederle pequeñas parcelas de libertad para que tome conciencia de lo que sucede cuando convive con ella. Estas parcelas se irán aumentando hasta alcanzar la mayoría de edad intelectual.

La madurez supone no depender de nadie a la hora de tomar decisiones sobre tu vida y ser responsable de las mismas. Es necesario educar en la libertad para después poder enfrentarnos a ella. Cuando un niño estudia en primaria no se le deja apenas margen de libertad para tener que elegir casi nada, los libros, las asignaturas, los compañeros de clase…, todos están predeterminados por personas que son profesionales y creen saber qué es lo mejor para ellos. Pero a medida que crecen, el propio sistema educativo empieza a presentar una serie de opciones entre las que deben elegir, algo para lo que en muchas ocasiones no están preparados porque no han tenido que enfrentarse al peso de la libertad.

Cuando acaban la ESO, que son los estudios primarios y la base de secundaria, ya se les plantea la obligatoriedad de tener que elegir entre varias opciones: o dejar de estudiar, o hacer un ciclo formativo de grado medio, o hacer un bachillerato. Si quieren hacer un ciclo formativo, o un bachillerato, se verán forzados a elegir entre muchos y variados ciclos formativos y varias modalidades de bachillerato que después condicionarán sus estudios universitarios o su labor profesional. En muchas ocasiones son los padres lo que eligen por ellos, movidos por la buena voluntad y convencidos de que hacen lo mejor para ellos, pero en estos casos están alejando a sus hijos de aprender una de las lecciones más importantes de la vida: el valor de la libertad. En esos momentos es cuando el niño, el hijo, el alumno, tiene que verse cara a cara con la libertad impuesta. Esa que le obliga a tener que elegir, a tomar decisiones que sabe que pueden ser cruciales para su futuro. Son circunstancias duras para algunos, desagradables para otros, tiempos de tensión para la mayoría, de estrés, porque están en una edad en que apenas han tenido que verse las caras con la libertad. Hasta esos instantes muchas decisiones las habían tomado terceras personas en su nombre, la vida no tenía grandes complicaciones.

Muchos de nosotros preferiríamos no tener que decidir, no tener que enfrentarnos a la libertad de manera tan solitaria, no tener que hacer frente a este modelo de decisiones en las que solo nosotros, o al menos en gran parte, seremos responsables de lo que suceda después. Pero cuando lo hacemos aumentamos nuestro grado de autonomía y crecemos en el desarrollo del pensamiento crítico. En estas situaciones no se trata solo de la comodidad que se elige como modelo de vida, sino que estamos hablando de algo más preocupante para el progreso: la cobardía.

No es la primera ni será la última vez que el miedo nos invade y nos paraliza cuando nos ponen cara a cara con una toma de decisiones que solo nos corresponde a nosotros. No tenemos el valor de enfrentarnos a esa situación, pagaríamos porque las cosas siguieran tal y como estaban, sin necesidad de tener que hacerle frente a nada, sin tener que sentirnos responsables de nuestro futuro (casarnos, tener hijos, hipotecarnos, divorciarnos...). Por esto Kant termina ese segundo párrafo que hemos leído con uno de los lemas más famosos de la historia de la humanidad: «*¡Sapere aude!*» (¡Atrévete a pensar!), una frase que pone el acento en dos acciones muy significativas para toda persona que quiera llevar las riendas de su vida. Por un lado, como ya hemos analizado, está la valentía, el atrevimiento, el arrojo de ser tú mismo el que decidas qué es lo que vas a hacer sin necesidad de guías. Por otro, está la acción de pensar críticamente para poner en marcha una vida llena de retos y momentos maravillosos que sabrás apreciar, pues el mérito de hallarlos será tuyo.

SÓCRATES. BUENAS PERSONAS

Otra de las cuestiones que resulta vital para aprender a ser felices y que no siempre sabemos manejar está relacionada con la conciencia, esa vocecita que a veces no nos deja dormir porque nos machaca cuando no hemos hecho las cosas como deberíamos. ¿Cómo vamos a poder ser felices si nos sentimos mal con nosotros mismos, si tenemos el famoso cargo de conciencia? Para que esto no nos suceda es preciso aprender a actuar moralmente bien, a ser lo que se conoce en nuestro argot popular como «buenas personas». Los malos no pueden ser felices nunca. Dice nuestro refranero que «piensa el ladrón que todos son de su condición», y no va mal encaminado. Para ser felices tenemos que ser personas buenas que no hagan el mal y no se lo deseen a nadie. No podemos confundir la satisfacción de la venganza con la felicidad. Entre otras cosas porque la venganza afecta a otra persona y la felicidad es algo exclusivo de uno mismo, algo propio.

Para no sentirnos mal es necesario aprender a pensar bien. La mala conciencia surge porque, o bien no hemos analizado previamente las consecuencias de nuestros actos, que han terminado generando dolor a otra persona, o bien, en el caso de haberlo hecho y tener claro cuáles iban a ser, no hemos previsto cómo nos afectaría su resultado. Sócrates tenía una teoría interesante sobre este tema, defendía que la mala conciencia era un sinónimo de estupidez, de estulticia, de tontos. Para Sócrates las personas que causaban el mal y provocaban dolor lo hacían porque eran tontas. La gente obra mal por desconocimiento.

Para este pensador griego, el mal era una consecuencia directa de la ignorancia. Las personas malas eran simplemente ignorantes. ¿Pero ignorantes de qué? Pues de las consecuencias de sus acciones, es decir, no habían calculado bien el dolor o el mal que iban a provocar o a provocarse. En el caso de tener muy claro qué es lo que iban a lograr y lograrlo, entonces eran ignorantes de las consecuencias que para ellos tendrían esos actos; en otras palabras, no se conocían lo suficientemente bien como para poder soportar sobre sí mismos las consecuencias de sus malas acciones.

Esta manera de pensar de Sócrates, que se denominó «intelectualismo moral», en el fondo se resume en decir que los que obran mal lo hacen porque son idiotas, porque no saben realmente que quienes más daño terminarán sufriendo, bien de manera directa o indirecta, serán ellos mismos.

Algunas personas lo tachan de ingenuo y naif a la hora de enfocar la vida. Pero en lo que a nosotros respecta, es muy importante destacar la importancia de activar el pensamiento crítico antes de actuar, de cara a evitar ese sufrimiento que por lo general aparece con las consecuencias de la acción. ¿Pero de verdad es tan ingenuo? ¿Acaso no sucede que las personas que hacen el mal son más infelices incluso cuando consiguen sus propósitos? ¿Acaso no terminan aisladas? Causar mal a otra persona puede proporcionarte cualquier cosa menos felicidad. El sadismo o la venganza, por usar dos comportamientos enfocados en provocar dolor al semejante, pueden otorgar placer momentáneo y satisfacción, pero no podemos confundir esto con la felicidad. Si la elección de este modelo de vida basado en hacer daño a los demás ha sido una elección propia, ¿acaso no es una elección de una persona poco inteligente? Igual Sócrates no era tan ingenuo.

Otro filósofo que puede ayudarnos a la hora de analizar nuestro comportamiento es Kant, quien pensó mucho sobre cómo se podría distinguir una buena acción de una mala; es decir, quiso responder a la pregunta de cómo debemos actuar a lo largo de nuestra vida, una vida en la que tenemos que convivir e interactuar con otros semejantes. Se obsesionó en buscar una ética universal, un modo de actuar que pudiera servirle a todo el mundo y que fuese muy sencillo, sin grandes complicaciones. Escribió un libro titulado *Fundamentación de la metafísica de las costumbres* (como se aprecia, Kant no era muy bueno poniendo títulos «populares»). Pero si bien sus libros son estudios muy sesudos sobre filosofía, casi dirigidos a especialistas (algo normal teniendo en cuenta el periodo del que hablamos, donde solo algunos privilegiados tenían acceso a estudios universitarios), sin embargo, las conclusiones a las que llega se pueden comprender y asimilar sin necesidad de ser un erudito.

¿Qué podemos extraer de la ética de Kant para nuestro

propósito de aprender a pensar bien? Principalmente que debemos llevar a cabo acciones en nuestro día a día que sean buenas moralmente hablando. ¿Puede existir una ética universal en la que todos nos pongamos de acuerdo a la hora de calificar una buena acción? Kant pensaba que sí. ¿Cómo será esa manera de comportarse bien que se puede convertir en algo universal? Como ya hemos visto, Kant tenía la pretensión de que las personas pensaran por sí mismas.

Hay que deshacerse de las doctrinas que nos dicen cómo tenemos que comportarnos. Estas doctrinas que adoptamos sin previo análisis no terminan de gustarle al filósofo alemán, porque al final hay muy poco de ti en todo eso que haces, y mucho de hacer lo que te dicen que tienes que hacer. Es como si tuvieras siempre un libro de instrucciones sobre cómo te tienes que comportar escrito por una persona que no te conoce, que no tiene nada que ver contigo, y tú lo asumes como propio sin haber pulsado el interruptor del pensamiento crítico. Siendo así, parémonos a pensar un segundo sobre nosotros mismos. ¿Podemos considerarnos buenas personas si nos limitamos a cumplir un código de buena conducta proveniente del exterior?

Si hacemos siempre lo que nos han dicho que es lo correcto, entonces ¿qué mérito tenemos en ser buenas personas? El único mérito que tendríamos (si es que se puede considerar un mérito) es el de ser obedientes. Por esto Kant dirá que una buena acción solo puede ser aquella que está guiada por la buena voluntad. Es decir, cuando vayamos a hacer algo, Kant nos aconseja que pensemos antes de hacerlo, si nos gustaría que otras personas, en nuestra misma situación, hicieran lo que nosotros vamos a hacer. Para saber si una acción es buena, tenemos que mirar la intención con la que hacemos las cosas y no tanto las consecuencias. Lo único que podemos controlar, lo único de lo que podemos tener certeza plena, es de la buena voluntad que ponemos en lo que hacemos. Pero una vez que hacemos las cosas, una vez que la acción se pone en marcha, entonces ya no nos pertenece, y hay factores imponderables que no controlamos.

Si queremos saber si somos buenas personas, tenemos que pensar antes de actuar, y esa manera de pensar (que Kant la llamó «el Imperativo Categórico») nos dirá si estamos actuando bien o mal. La verdad es que es muy simple, cuando vayáis a hacer algo pensad si os gustaría que todos los que se encontrasen en vuestra situación lo hicieran. Si vuestra respuesta es «sí, sí me gustaría que cualquiera que estuviese en mi situación hiciera lo que voy a hacer», entonces sería una buena acción, porque la voluntad con la que la hacéis es una voluntad que pretendéis que sea universal. No os importaría que vuestra pareja, vuestros hijos, vuestros amigos o vuestros padres también lo hicieran. Pero si vuestra respuesta es negativa, entonces ya sabéis que no estáis siendo buenos.

Este modo de actuar ayuda a que mejoremos la apreciación sobre nosotros en lo referente a percibirnos como una buena persona, como alguien que sabe que lo que hace está bien, que puede dormir con su conciencia tranquila porque ha decidido por sí mismo y le encantaría que todos lo hicieran. Esto no significa que desechemos completamente el modo de actuar que hemos llevado hasta ahora. Probablemente todos hacemos aquello que nos han dicho que es lo correcto, y mucho de ese comportamiento está orientado por agentes externos a nosotros: la religión, el colegio, los medios de comunicación, las leyes existentes... Elementos que nos adoctrinan, nos orientan para que sepamos comportarnos de una manera que se supone que es la más adecuada para poder vivir en comunidad, dentro de una sociedad donde existe gente de todo perfil, con distintas perspectivas sobre la vida y conductas diferentes. La clave está en revisar estos procesos de actuación y hacerlos nuestros, convertirlos en modos de proceder propios, y después de analizarlos y cribarlos, probablemente encontraremos que muchos de ellos son razonables para llevarlos a la práctica.

DANIEL BERNOULLI. CÓMO TOMAR BUENAS DECISIONES

Activar el interruptor del pensamiento crítico no es algo que se logre de un día para otro. Cada día, al despertar, tenemos que enfrentarnos a uno de los procesos más importantes de cara a la formación de nuestra personalidad: la toma de decisiones. A lo largo de la vida afrontaremos decisiones de todo tipo: decisiones sobre el trabajo que te afectan a ti, o afectan a otras personas, decisiones sobre el amor, la salud, la economía..., y a todos nos gustaría que fueran las decisiones correctas, ¿pero cómo conseguirlo? El profesor Dan Gilbert, de Harvard, nos da alguna pista sobre la teoría de toma de decisiones y para eso alude a un científico (matemático, físico, médico...) del siglo XVIII, Daniel Bernoulli. De entre los muchos estudios sobre la teoría de toma de decisiones que se llevan a cabo, quiero destacar una ecuación que Bernoulli propuso para tratar de explicar cómo realizar la decisión correcta. Esta ecuación la podemos resumir de la siguiente manera:

> El valor que esperamos de cualquiera de las acciones que vamos a realizar, de cualquiera de las decisiones que

vamos a llevar a cabo (es decir, lo bueno que esperamos de ellas), es el resultado de dos cosas: en primer lugar, la probabilidad que le damos de que esta decisión o acción nos vaya a permitir ganar algo y, por otra parte, el valor que esa acción/decisión tenga para nosotros.

Según Bernoulli, si somos capaces de saber si una decisión nos va a favorecer en algo y además somos conscientes del valor y del beneficio real que para nosotros supondrá, entonces podremos calcular siempre qué decisión/acción tomar, porque sabremos correctamente qué es lo que vamos a ganar con ella y qué valor le daremos a esa ganancia.

Pero, como bien nos dice el profesor Gilbert, el problema es que en el día a día somos bastante torpes, o inconscientes, o demasiado optimistas, o pesimistas, a la hora de estimar el valor del beneficio que tendremos. Somos muy obtusos evaluando el primer factor: la probabilidad de éxito que le damos a la decisión que vamos a tomar. Y tampoco somos muy buenos en sopesar el segundo factor: el valor que tiene para nosotros el resultado de esas decisiones.

Si nos centramos en el primer factor, el cálculo de probabilidades de éxito que le damos a una decisión, los datos nos demuestran que somos pésimos calculando estas probabilidades. En la mayoría de los casos no somos conscientes de las probabilidades reales de acierto a la hora elegir, y el ejemplo lo tenemos en la lotería. Jugamos a la lotería porque desconocemos la escasísima probabilidad que existe (casi igual a cero) de ganarla, es casi directamente tirar el dinero a la basura, pero seguimos intentándolo porque no somos capaces de calcular las probabilidades reales de ganar o, más bien, no queremos pararnos a pensar sobre ello. Entonces, si esto es así, ¿por qué seguimos jugando a la lotería, a las quinielas, a la primitiva…? Hay varias razones. Una de ellas es porque vemos con frecuencia que suele haber algún ganador (mírense los telediarios el día después del sorteo de la lotería de navidad). ¿Quién no lleva algún décimo? El caso es que nunca salen como protagonistas los perdedores, o los adictos al juego, o los que llevan toda la vida jugando semanalmente a los mismos números y no ganan nunca. Muchas veces la imagen del afortunado ganador se impone al cálculo racional.

Gilbert nos propone un ejemplo muy sencillo de cómo funciona nuestro cerebro a la hora de tomar una decisión en lo referente al cálculo de probabilidades de éxito. Imaginen que en una reunión de padres/madres quiero hacer una rifa para un fin de semana en un hotel de cinco estrellas en Barcelona. Tengo diez tiques de 20 euros. Nueve familias distintas han comprado ya su tique y te preguntan si quieres. Lo normal es que lo compres porque no es mala opción para ganar, todos los de la habitación tienen 1/10 probabilidades de conseguirlo, y como cada familia se ha quedado con un boleto, entonces nos animamos a comprar el último que queda. Ahora imaginen que solo una familia ha pagado nueve de los diez tiques y te dicen que te quedes tú con el restante. De repente tu sensación cambia, porque crees que la probabilidad de que le toque a esa familia es casi total. Pero el problema está en que, en este segundo caso, piensas que la probabilidad de que te toque a ti es muy baja. Sin embargo, la realidad es que tienes la misma probabilidad de que te toque en ambos casos, pero no la percibes como tal. Pero es mucho más complejo el segundo término de la ecuación, el encargado de estimar el valor que el resultado de la decisión tendrá para nosotros.

Tratar de decir cuánto vale algo, cuánto vamos a disfrutarlo, o incluso cuánto placer y satisfacción nos va a proporcionar, es tremendamente difícil si no activamos el interruptor del pensamiento crítico. Esto suele pasar porque, en muchas ocasiones, estimamos del valor que le damos a algo antes de tenerlo y disfrutarlo por medio de comparaciones con nuestro pasado, con lo que hemos experimentado anteriormente y olvidamos algo muy importante: el contexto actual.

El tiempo no es buen consejero cuando se trata de ponerle valor al presente, porque las referencias emocionales con el pasado son bastante irreales, se suelen alejar mucho de lo que sucedió y se idealizan. Por eso tenemos que hacer el esfuerzo de no comparar con este pasado, porque, entre otras cosas, ya no somos las personas que éramos y el contexto en el que nos encontramos tampoco es el mismo.

Pongamos otro ejemplo que nos ayude a entender mejor cómo tomamos decisiones. Imaginen que quieren hacer un crucero por el Mediterráneo y al entrar en la página web del crucero ven una oferta que dice que antes costaba 2000 euros y acaba de rebajarse a 1400 euros, lo normal es que lo compren y se sientan muy satisfechos. Pero ahora imaginen esta otra: entran en la web y ven que el paquete vale 700 euros porque está rebajado y cuando llegan a la agencia de viajes les dicen que se acabó la oferta y que ese crucero les costará 1400 euros y que, aun así, es una rebaja de los 2000 euros iniciales. En este segundo caso es muy probable que no lo compren, piensan que había ofertas por 700 euros y que ahora su precio es mucho más alto que el de unos días antes. Tienen una referencia en el pasado que subjetiviza el precio. Lo que hacemos es lo que solemos hacer siempre cuando calculamos el valor: lo orientamos al pasado, al precio que hemos visto anteriormente. Es decir, para calcular el valor que algo tendrá para nosotros solemos guiarnos por nuestra experiencia anterior, como es lógico por otra parte, y por esto a la hora de tomar decisiones, sobre todo las relacionadas con las facetas más importantes de la vida (comparar un amor con otro, la educación que recibiste con la que ahora percibes, un piso con otro piso...), no siempre acertamos. Pero parece que es inevitable comparar para saber qué valor daremos a algo.

Lo que tenemos que recordar cuando queramos valorar algo es que las comparaciones cambian el valor de las cosas. Tenemos que ser conscientes de que, si le otorgamos a una decisión o a un objeto un valor concreto antes de tenerlo, lo apropiado sería no tener que compararlo con nada, porque al hacerlo le cambiaremos la tasación. Puede que sea para darle más o menos prestigio, pero en cualquier caso le quitaremos el coste original que pensábamos asignarle mucho antes de comprarlo.

No somos honestos y razonables a la hora de asignar el valor a las cosas, el valor que deberían tener. Si, por ejemplo, quiero comprar un ordenador portátil y en la tienda cerca de casa me piden 400 euros por él, y en un pueblo a 15 km de la ciudad me piden 300, entonces voy al pueblo a comprarlo y ahorrarme 100 euros porque me parece un ahorro esencial. Pero si quiero comprarme un coche y me piden en el concesionario cerca de casa 15.100 euros y en el pueblo que está a 15 km me lo ofrecen por 15.000, entonces muchas personas se ahorran el viaje y prefieren gastar 100 euros por tener la comodidad de comprarlo al lado de casa. Sin embargo, en ambos casos, estamos hablando de la misma diferencia, solo 100 euros, y cuando nos referimos al ordenador nos parecía importantísimo ahorrarlos, pero cuando la referencia era el coche, entonces no le dábamos importancia. Y lo más curioso es que, en ambos casos, nuestra economía es la misma, nuestros ahorros y nivel de ingresos son los mismos, pero para unas cosas ahorrar nos parece de sentido común y casi ético, porque de otra manera sentiríamos que malgastamos el dinero y en el otro caso aceptamos no ahorrárnoslo porque en la comparación mental con esas cifras tan altas nos parece poco significativo. Este es otro ejemplo más de cómo actuamos de manera irracional cuando se trata de estimar el valor de algo por nuestra parte.

Si queremos desarrollar adecuadamente nuestro pensamiento crítico es necesario que evitemos las comparaciones, y nos centremos en la valía en sí, independientemente de la referencia en la que se encuentre, ya sea un ordenador portátil o un coche; 100 euros son 100 euros y no podemos sumar o quitar valor dependiendo de a qué cosas nos refiramos.

En resumidas cuentas, para protegernos psicológicamente hemos decidido hacer dos cosas que van en contra del consejo de Bernoulli: quitar importancia a la probabilidad que tenemos de sufrir los males o dolores del futuro (así se entiende que no nos tomemos en serio a nivel personal problemas como el cambio climático, la comida basura, la superpoblación…; es decir, subestimamos las posibilidades reales de que estos problemas nos afecten de manera directa) y, a su vez, sobrevaloramos los placeres instantáneos, el volcarnos en el *carpe diem* como si no hubiese futuro, y claro, al final sufrimos las consecuencias de las malas decisiones que tomamos.

BARRY SCHWARTZ. EL AGOBIO DE TENER QUE ELEGIR

Usemos casos prácticos en los que poner en marcha el pensamiento crítico para situaciones personales diarias. La vida es una aventura que tiene que ser vivida por uno mismo, de otra manera será una vida mísera y empobrecida porque será vivida por los ojos de otro. Y para que nosotros seamos los protagonistas de nuestra propia historia tenemos que «atrevernos a pensar» y a decidir. Cuando Kant postula el lema del *Sapere aude* («Atrévete a pensar») tenía en mente la Revolución ilustrada donde había un paradigma civil por reclamar: la libertad. Para poder elegir es necesario tener libertad. Pero la libertad no tendría sentido si no hay opciones para elegir. Y estos dos parámetros, libertad y opciones para elegir, son determinantes para el desarrollo de cualquier persona.

Para analizar la importancia de la toma de decisiones bajo el paraguas del pensamiento crítico usaremos al profesor Barry Schwartz, que escribió un libro que se tituló *La paradoja de la elección*. Atreverse a pensar es un reto que hay que superar y una de las mejores maneras que existen para enfrentarse a este reto es por medio de la toma de decisiones.

Existe una especie de ideario común en el que pensamos que la libertad es siempre buena, y mientras más libertad tengamos, mejor será. Pero para que la libertad exista es necesario que existan también alternativas sobre las que poder elegir, de otra manera sería muy difícil poder elegir cuando solo tenemos una opción posible. Es decir, si solo existe un partido político al que poder votar, obviamente la sensación de libertad carece de sentido. Lo que el profesor Schwartz ha llegado a demostrar por medio de sendos experimentos, es que existe una correlación peligrosa entre el aumento de libertad y el aumento de opciones unidas a la libertad. A más opciones, solemos pensar, más libertad. Y hasta cierto punto es verdad. Pero cuando estas opciones son demasiadas, entonces llegan los problemas a la hora de tomar decisiones. Sin embargo, la gente prefiere tener mientras más opciones mejor, creen que es mejor tener multitud de opciones porque la sensación de libertad es mayor.

Pensándolo bien, ¿qué es lo que realmente sucede cuando se nos presentan multitud de opciones a la hora de tomar una decisión? La respuesta es sencilla: nos paralizamos, nos angustiamos, nos agobiamos, nos vemos saturados, nos sobrepasa la situación..., y es aquí cuando tenemos que poner en marcha el mecanismo de pensamiento crítico.

En un mundo hiperestimulante, hiperdiverso, multiopcional y con la sensación de poder tenerlo todo, es vital activar el aparato de pensamiento para ser felices y no angustiarse ante circunstancias que deberían ser favorables, en las que tenemos libertad y muchas opciones para elegir. Si hablamos de niños, cuando son pequeños se enfrentan a miles de situaciones en las que la multitud de opciones podría generarles una angustia innecesaria, por ejemplo, a la hora de elegir un videojuego de entre los muchos que hay. Las dudas les asaltan porque querrían probarlos antes y tener la certeza de comprar el que verdaderamente les dará el entretenimiento que esperan. O bien, les sucede lo mismo a la hora de escribir la carta a los Reyes Magos. En este último caso, he sido testigo directo de un fenómeno normalizado en muchas familias a la hora de pensar qué juguete quiere el niño para los Reyes Magos. Me refiero a la revisión de los catálogos de manera conjunta entre padres e hijos. Cuando llegan estos catálogos de juguetes, se sientan con ellos, o se los dan, para que vayan viéndolos todos página a página. Entonces los niños sienten una atracción hacia muchos de esos juguetes que entre sí no guardan relación alguna, y empiezan a quererlos todos. Los padres les ponen un tope siempre en forma de número (puedes elegir tres o cuatro), o bien en forma de límite económico (no más de X euros), y comienza un proceso de insatisfacción y malestar porque ya saben que tendrán que elegir entre varias cosas que les gustan y desechar otras. Si por una parte podríamos creer que tener que decidir entre varias cosas, y forzarlos a elegir, es un ejercicio de madurez positivo, sin embargo el aprendizaje de este tipo de actividad no siempre es el adecuado para su maduración personal.

Lo apropiado sería, mucho antes de enseñarle el catálogo, que los condicionará de manera instantánea, que el niño aprendiese a identificar sus gustos, aquellos juegos con los que se siente más cómodo, con los que más disfruta. El catálogo (quien dice catálogo dice también anuncios de la televisión) y los juguetes no deberían desencadenar la necesidad o la apetencia. Es mucho más instructivo realizar, antes de verlos, una simple labor de reflexión sobre los juguetes que ya ha tenido, a los que más uso les da, los que más le gustan…, es decir, que el niño sea capaz de realizar un simple, eficaz y honesto ejercicio de introspección sobre lo que hace cuando juega. Analizar si le gusta más el juego solitario en modo imaginativo, o si por el contrario le gusta más estar con amigos, hermanos, vecinos, en familia…, o si bien es más de tecnología, o de lego… En cualquier caso, la idea es que, antes de que la necesidad, la querencia y la apetencia se impongan desde el exterior, seamos capaces de encender el interruptor del pensamiento crítico para ayudarlos a pensar.

No es tan complicado. Solo tenemos que saber interpretar el momento. Si nos entrenamos en esto, entonces las circunstancias nos darán la clave para encender el interruptor. Solo tenemos que saber descifrar las señales que nos llegan, tanto desde el exterior, como desde el interior de nosotros mismos. Tenemos que educar a las personas para que en esas situaciones donde tener que elegir les desborda y les angustia, hagan primero el análisis de sus necesidades, carencias y deseos. Cuando no sabemos qué hacer, cuando hemos caído en un desánimo emocional o en una ansiedad que nos tiene atrapados, entonces empezamos a sentirnos vacíos o inseguros, no sabemos muy bien cómo orientar nuestras vidas ante decisiones importantes… en esos momentos es cuando más falta hace activar el interruptor del pensamiento crítico.

Cuando se trata de tener que hacer elecciones cotidianas y simples, los resultados de las mismas no suelen ser problemáticos (en principio). El problema aparece cuando la oferta de elección y la libertad para elegir son enormes. Este binomio: amplitud de opciones y amplitud de libertad, suele ser el inicio de situaciones de estrés, y la suma de muchas situaciones de estrés puede terminar en ansiedad y, sobre todo, en una constante insatisfacción en lo referente a la vida que tenemos.

Pongamos ejemplos para entender mejor esta situación, y como el burro hace, usaré un ejemplo propio. No hace mucho decidí cambiar de televisor. Teníamos un televisor de 32 pulgadas normal, con 12 años de antigüedad, que funcionaba bien, sin más. No tenía HD, pero se veía bien, o por lo menos eso creía yo hasta que entraba en casa de alguien y al mirar su televisión me daba cuenta de la diferencia en la calidad de imagen. En mi familia no hemos sido muy sibaritas en lo referente al televisor, equipos de sonido y cosas así, el problema comenzó cuando hace tres años nos pasaron unos documentales para ver en un *pen drive* y nos dimos cuenta de que no tenía dónde conectarse. Tampoco podíamos acoplar nuestro ordenador y para colmo, cuando a nuestro hijo le regalaron una videoconsola, la televisión no tenía entrada de HD y no podía enlazarla, de modo que tenía que enchufarla en la pantalla del ordenador.

Tras varios años visitando la sección de televisores en centros comerciales pero nunca comprar uno porque, la verdad sea dicha, como el nuestro no se rompía no veíamos la necesidad de cambiarlo, decidimos que era hora de comprar uno más moderno. Entonces se me ocurrió ponerme a ver modelos de televisor y empezaron mis problemas: las pulgadas, la definición de la calidad de la imagen, la velocidad del procesador para la conexión a Internet, el peso, las tomas auxiliares... Como no activé el interruptor del pensamiento crítico, me dio por investigar en Internet y meterme en algún foro para ver si alguien podía aconsejarme y ¡craso error! Cada uno dando su perspectiva sobre la tele perfecta, opiniones sobre las marcas, sus problemas, sus pros, sus contras, averías más frecuentes, mejores comercios donde comprarlas... En apenas dos días, me di cuenta de que los televisores que encajaban en nuestro presupuesto tenían siempre un pero, había un problema, les faltaba algo... Y quiero poner el acento en algo que acaban de leer y que igual les ha pasado desapercibido: «dos días». Estuve nada más y nada menos que dos días mirando precios y ofertas en Internet y visité cuatro establecimientos de televisores en mi ciudad. Entonces me llegó el momento de hastío mezclado con la incertidumbre y desgana para comprar nada, y resolví que era hora de encender mi interruptor del pensamiento crítico y me dije: «¿Cómo es posible que haya dedicado todo mi tiempo libre a estudiar y aprender sobre televisores y encima tenga ahora muchos más problemas para decidirme que antes?». En parte le echaba la culpa a dos factores que en realidad son secundarios, el exceso de información que existe hoy en día sobre cualquier tema por un lado, unido a la facilidad para acceder a cualquier tipo de información (contrastada y sin contrastar). Y, por otro lado, a mi torpeza, a no haber sido capaz de encender el interruptor del pensamiento crítico a tiempo.

Al mismo tiempo me di cuenta de que estaba buscando la televisión perfecta, quería hacer la elección perfecta y no errar, quería que todo aquel que supiese de televisores y viese la que había comprado, me dijese que había acertado… Quería, principalmente, no equivocarme. Entonces hice algo muy simple para evitar dedicarle más tiempo a un tema tan trivial como este, con el que encima no estaba disfrutando. Me acerqué a una de las tiendas que había visitado, le dije al comprador mis necesidades y mi presupuesto y le pedí que me recomendara una. Tan simple y tan normal. Hasta ese momento no caí en la cuenta de que era más sencillo identificar mis apetencias (y mis necesidades) y buscar en función de eso que tener que elegir en función de la oferta existente.

Cuando activé el interruptor tuve muy claro que quería una televisión de tamaño más grande de cuarenta pulgadas pero no más de cincuenta, quería que tuviese alta definición, mientras más moderna mejor, que leyese varios formatos de *pen drive* y que al conectarle un ordenador se pudiera ver y oír. Todo eso con un rango de dinero muy específico. No son grandes requerimientos. No me importaba mucho la marca, ni la estética, ni los servicios *online* que ofrecía, ni miles de cuestiones y opciones que las múltiples etiquetas decían llevar. El vendedor, que por segunda vez en tres días me vio aparecer por allí, supo rápidamente interpretar mi desasosiego y hartazgo y me dio la opción entre dos modelos, con treinta euros de diferencia entre ambos, y como no me apetecía elegir le dejé a él la decisión. Es decir, el vendedor, un profesional en su trabajo, me eligió la televisión que ahora tengo en mi casa. Cuando la encendimos por primera vez me pareció una especie de milagro, todos los requerimientos que *a posteriori* supe identificar estaban cubiertos, y mi ansiedad, cabreo y hartazgo habían desaparecido.

Pero no queda ahí la cosa, con los años he aprendido además que, una vez que hago una elección entre muchas opciones que están parejas, dejo de pensar en las otras opciones que deseché y me centro en convencerme de la elección que he realizado. El televisor que tenía en casa era el que siempre había querido, solo que no lo supe hasta que puse a funcionar el interruptor del pensamiento crítico. Después de aquello, siempre he intentado poner en práctica esta metodología de elección cuando se trataba de cosas de las que apenas tenía conocimiento y además no me atraían demasiado. Identificaba qué es lo que necesitaba o lo que buscaba tener y después examinaba algo que cumpliese los requisitos. La clave está en no poner el listón muy alto y, sobre todo, en tener claro qué es lo que realmente necesitas y quieres.

EL ARTE DE ESTAR SATISFECHO

Pensar bien supone cambiar la dinámica de la elección. Barry Schwartz ha descrito dos modelos de personas en función de la manera en la que se enfrentan a un proceso de elección. Ya lo he analizado alguna que otra vez pero no me canso de repetirlo. Por un lado están los que se podrían llamar «maximizadores», personas que quieren siempre hacer la elección perfecta, sacar el máximo partido a sus decisiones. Estudian todas las ofertas, analizan todas las perspectivas, dedican el tiempo que tienen a leer toda la información posible que cae en sus manos para conocer hasta el último detalle antes de decantarse. Estas personas están predestinadas a sufrir, porque en un mundo como el nuestro, la oferta es tan grande, tan variable, tan titánica, que siempre habrá algún elemento en su decisión que no termine de satisfacerles cien por cien, por lo que sufrirán durante el proceso y, lo que es mucho peor, después del proceso. Son personas que, por lo general, una vez que toman la decisión, en lugar de desconectar y respirar tranquilos reforzándola, siguen interesados por ver las otras ofertas. Cuando, tiempo después, descubren una que es mejor que la suya, entonces se arrepienten de no haber esperado un poco más para conseguirla. Son personas que no activan su mecanismo de pensamiento crítico y se dejan llevar por la ansiedad y la presión de no poder equivocarse en nada

En el otro lado de la balanza están los satisfactores, que son personas que ante una elección no se complican la vida en absoluto. Saben qué es lo que quieren o lo que necesitan, lo tienen bien identificado, y lo único que tienen que hacer es buscar algo que cubra sus necesidades y les satisfaga. No quieren lo mejor siempre, no buscan hacer la compra perfecta, en el momento perfecto; todo lo contrario, suelen estar contentos o simplemente satisfechos con sus elecciones porque previamente sabían qué es lo que necesitaban, o qué es lo que querían y por ende, les ha resultado mucho más fácil y satisfactorio conseguirlo. Los maximizadores tachan a los satisfactores de conformistas, como si esto fuera una especie de desgracia, personas que se conforman con elegir algo que les vaya bien y cubra sus necesidades. Y los satisfactores tachan a los maximizadores de inconformistas, personas que nunca están conformes ni satisfechas con las elecciones que hacen. Ahora párense a pensar, ¿quién de los dos cree usted que es más feliz?

El problema no está solo en el modelo de elección por el que tenemos que optar, sino también en la metodología que emplea el sistema de consumo a través de la publicidad para que nos convirtamos, casi sin quererlo, en maximizadores. Nos bombardean constantemente con ofertas hasta el extremo de que algunas empresas insinúan que los satisfactores no son consumidores inteligentes: «yo no soy tonto», realzando la importancia social que tiene ser un consumidor inteligente. De hecho, cada vez más, en las conversaciones cotidianas, las personas presumen públicamente de haber encontrado el mejor restaurante de la ciudad, de saber dónde se puede comprar el mejor pescado, de conocer el mejor hotel para dormir si viajas a Venecia, o en qué lugar se vende ropa de calidad a mitad de precio... Se tiene en alta estima el presentarse en sociedad como un consumidor inteligente. Se ha convertido en una especie de seña de identidad de la que uno debería sentirse siempre orgulloso porque se asocian dos conceptos tan divergentes como el consumo y la inteligencia, de ahí que todos quieran presumir de que sus elecciones son siempre las mejores, porque ellos son muy inteligentes como consumidores.

Pero a este problema se le suma otro de más calado. El problema sobre el consumo material aumenta si extrapolamos esta metodología del consumo a las otras facetas de la vida, como por ejemplo el trabajo, el amor, la educación de los hijos... Es decir, cuando el factor humano tiene que decidir cómo hacer frente a emociones más profundas que, unidas al modelo de vida actual, terminan por agotarnos física y mentalmente.

Cuando se trata de elecciones de calado muy importantes para nosotros, para nuestras vidas, o estemos ante situaciones y decisiones que también pueden afectar a otras personas, el pensamiento crítico tiene que dejarse llevar por la decisión más emocional, siempre que la parte racional haya concluido que hay relativa igualdad en las opciones que se nos presentan. Cuando se identifican las necesidades, y se sabe más o menos lo que uno quiere, si le sumamos que tenemos varias opciones que nos ofrecen parcialmente lo que buscamos, y cada una de estas opciones tiene aspectos positivos y negativos que interpretamos con la misma intensidad, entonces, utilizando un lugar común, tenemos que hacer caso a nuestro corazón. En caso de relativa igualdad entre las opciones sería conveniente que optásemos por aquella hacia la que demostremos más apego emocional.

Es muy importante que a la hora de tomar decisiones significativas, que afectan de manera radical a nuestra vida (tener que decidir si nuestra pareja es la mejor para nosotros, o es la más adecuada de cara a formar una familia), huyamos del perfil del maximizador. Es primordial no aferrarse a la idea de realizar la mejor elección posible entre todas, porque en el tema emocional esto no sirve como garantía. Aprender a ser un satisfactor emocional ayuda a saber que tus necesidades emocionales las tienes cubiertas y a comprender que no podemos pedirle la perfección a la otra persona de cara a cubrir todas nuestras expectativas.

Pongamos otro ejemplo muy simple relacionado con comprar una casa, de cara a convertirla en nuestro hogar. Racionalmente queremos un piso de cuatro habitaciones porque tenemos dos hijos y además nos gusta tener una estancia para usarla como despacho, con una mesa de estudio y una estantería. Pero todos los pisos de cuatro dormitorios que hemos visto tienen algo que no termina de llenarnos. Son pisos que están bien, entran en el presupuesto, están en los barrios que queremos, pero cuando los visitamos no terminamos de convencernos. De repente, un día, el/la agente inmobiliario/a que nos ha estado guiando en el proceso de búsqueda de hogar nos insiste en visitar un piso de tres habitaciones porque tiene la sensación de que nos va a encantar.

Al visitar este piso, nada más llegar, nos deja enamorados, los baños, el salón, la cocina, las vistas, los dormitorios, todo está decorado de manera espectacular y salimos seducidos del piso pero con el pellizco de que solo tiene tres dormitorios. Pues bien, según el modelo de elección que estamos analizando, si queremos acertar, tendríamos que dejarnos llevar por el corazón y comprar el de tres dormitorios. Y entenderán por qué. Si nos decantamos por los de cuatro que hemos visto, cada día que entremos al piso tendremos que convencernos de que eso era lo que buscábamos, lo que cubría unas necesidades que nos habíamos creado, y esta letanía nos servirá para vivir conformes con nuestra elección. Tendríamos que recordarnos constantemente que hicimos la mejor elección racional. Sin embargo, si compramos el de tres dormitorios, cada día, al llegar a casa, diremos y sentiremos que nuestro piso es precioso y con el tiempo buscaremos un hueco para los libros y apañaremos un lugar para poner la mesa de estudio con el ordenador. Es decir, la emoción que sentimos la primera vez que visitamos el piso de tres habitaciones seguirá viva cada día que nos levantemos en esa casa. Ya buscaremos el modo de cambiar parte de nuestros requisitos con tal de seguir disfrutando de esa maravillosa sensación.

El mismo criterio habría que seguir cuando se trate, por ejemplo, de tener que elegir entre un trabajo u otro en el que los dos tienen sus ventajas e inconvenientes. En ese caso siempre es aconsejable dejarse llevar por el trabajo que más te atrae, incluso si esto supone tener menos incentivos económicos o disfrutar de menos vacaciones. Cuando se trate de grandes decisiones y dudemos en los criterios racionales, cuando sean decisiones que repercutirán en nuestra vida de manera profunda, entonces tenemos que hacer caso a la parte emocional porque será la que nos aportará la energía diaria para sentirnos bien con la decisión tomada.

LIPOVETSKY. EL VALOR DE LA CONTRADICCIÓN

Uno de los mayores problemas con que nos topamos a diario es que siempre queremos llevar razón, saber que tenemos razón e imponerla en cada idea, discusión, opinión, que se nos presenta. Pero sucede a veces que intentamos ganar la discusión, no tanto porque sepamos que estamos en lo correcto, sino porque queremos mostrar superioridad retórica ante la otra persona, sacar un argumento mejor contra el otro, aun sabiendo en nuestro fuero interno que no estamos de acuerdo. No son pocas las ocasiones en las que llevar la razón, zanjar una discusión, no tiene nada que ver con conocer la verdad.

La búsqueda de la verdad ha sido siempre la meta por antonomasia de la filosofía y, por ende, del propio ser humano. Encontrarla ya es harina de otro costal. Pero si bien no es el objetivo de este libro hallar la verdad, o analizar qué podría ser verdad o no, sí que tenemos empeño en intentar comprender mejor cómo somos. Hay que aspirar a entender mejor este mundo, un mundo que estamos diseñando a una velocidad endiablada, y después, con esos datos, poner a funcionar la maquinaria interna que tenemos de pensamiento crítico.

Este no es asunto menor, por eso es importante que aceptemos que somos seres humanos y no robots. Por eso es tan difícil que la renombrada «Inteligencia Artificial» sea igual que nosotros, piense igual que nosotros, actue igual que nosotros. Por muy avanzada que está la ciencia en lo referente al conocimiento del ser humano, sin embargo, todavía no sabemos cómo se elabora un pensamiento, o cómo se llega a tomar una decisión de esas que llamamos «irracionales», o conocer todos los factores que intervienen en la misma. Porque por mucho que se quiera, cada ser humano es singular en su historia, en sus experiencias, en sus conocimientos, en su manera de sentir, en su tolerancia al dolor y, como no podría ser de otra forma, en su manera de pensar.

Muchos componentes influyen en nuestros modelos de pensamiento y la conclusión a la que algunos filósofos han llegado es la de que somos contradictorios a veces, que actuamos en contra de los dictámenes de la lógica, o como Gilles Lipovetsky afirma, somos paradójicos. Filósofos tan insignes como Michel de Montaigne reconocen cierta contradicción entre sus propias ideas, en su propia vida, y así lo expresa su obra. Basta recordar algunas de sus palabras, tan bien seleccionadas por parte de Victoria Camps, como las que dejó en sus *Ensayos*:

> «Somos, no sé cómo, dobles de nosotros mismos, y eso hace que lo que creemos no lo creamos, y que no podamos deshacernos de aquello que condenamos… Fluctuamos entre opiniones distintas; nada queremos con libertad, nada de manera absoluta, nada con constancia».

Cuando se trataba de describirse a sí mismo, el propio Montaigne llega a afirmar:

«Tímido, insolente; casto, lujurioso; charlatán, callado; sufrido, delicado; ingenioso, obtuso; huraño, amable; mentiroso, veraz; docto, ignorante; generoso, avaro, y pródigo».

Como muy bien ha señalado el profesor Manuel Bermúdez, gran parte de la obra de Montaigne tiene como finalidad el autoconocimiento de cara a llevar una buena vida, y en este sentido, Montaigne tenía claro que la Fortuna no jugaba un papel esencial en el desarrollo de esta magna tarea. De hecho, el pensador francés no es determinista, es decir, no pensaba que los acontecimientos estuviesen determinados previamente. Por eso estamos obligados a lidiar con estas contradicciones internas que nos invaden a diario de cara a poder alcanzar ese objetivo: aprender a llevar una buena vida.

Tenemos que aprender a vivir con el valor de la contradicción como algo común e interno en el ser humano, de lo contrario seremos personas infelices que no logran aceptar las contradicciones propias y ajenas. Pero cuando nos referimos a «contradicción» lo hacemos desde el punto de vista de la paradoja. Somos seres paradójicos, queremos ser de una determinada manera, idolatramos a las personas que llegan a alcanzar un modelo de vida determinado o que presentan un modo de ser que consideramos admirable. Pero llegado el momento, no hacemos el más mínimo esfuerzo para imitarlos, para intentar parecernos a esos modelos. A veces desarrollamos los razonamientos más impolutos desde una perspectiva lógica y sabemos a la perfección qué es lo que detestamos sobre nuestro modo de ser, lo que deberíamos cambiar para poder sentirnos satisfechos con nosotros mismos. Sabemos qué procedimientos, qué hábitos, qué costumbres, qué metodología es la que más nos conviene de cara a lograr los objetivos que nos hemos propuesto. Objetivos que, por otra parte, tenemos la certeza de que somos capaces de conseguir (adelgazar, hacer deporte, dejar de fumar, ser más cariñosos con nuestras parejas, aprender inglés, estar más atentos a nuestros seres queridos, dedicarles más tiempo a las personas que queremos en lugar de vaguear todos los días en el sofá o en la cama, intentar aprender cada día algo nuevo…). Sabemos que nos mejoraría la vida de alguna u otra manera, y, sin embargo, sin entender muy bien por qué, no lo hacemos. Somos personas paradójicas y a veces contradictorias. Y esta es una característica que forma parte de todo ser humano y, entre otras cosas, es uno de los motivos por los que un robot tiene tantos problemas para actuar como nosotros.

Algunas personas han aprendido a lidiar muy bien con sus contradicciones internas, han logrado que la racionalización de las mismas se convierta en un modelo de actuación que sea coherente, es decir, no contradictorio. Se dice que una persona es coherente cuando lo que piensa, lo que dice y lo que hace confluye dentro del mismo ámbito. No existe contradicción ni problemas de comprensión sobre uno mismo, o al menos no lo parece. Los ejemplos los tenemos seguramente cerca de nosotros.

Si activamos adecuadamente el interruptor del pensamiento crítico podremos vivir con cierta lógica y evitaremos caer tan a menudo en esas contradicciones internas. Ejemplifiquemos: la vida en pareja, de recién casado, o en el transcurso de noviazgo, suele ser una experiencia maravillosa, un proceso positivo de conocimiento del otro y de uno mismo. De diversión, de pasión, de descubrimiento, de atención hacia el otro, es un intento de querer agradar, de querer gustar, de querer hacer feliz a la otra persona. Intentas poner sobre el tapete lo mejor de ti, sacar tu mejor faceta, tu mejor cara, ser la mejor persona posible y demostrar a la otra persona hasta dónde puedes llegar. En resumidas cuentas, te centras en la otra persona a la vez que esperas reciprocidad. De repente, tras un par de años de maravillosa convivencia, donde la única responsabilidad que teníais era trabajar y pagar el alojamiento, donde no había compromisos con nadie ni con nada, donde los fines de semana y las vacaciones, o algunas noches entre semana, ibais donde queríais, cenabais fuera, asistíais a conciertos, al teatro, a visitar ciudades monumentales... Un día pensáis en lo genial que sería ser padres, lo maravilloso que es traer un bebé al mundo y formar una familia. Y en menos de un año, tras un proceso de ilusión compartida durante el embarazo, nace el bebé y sois padres. Pues según las estadísticas, esta pareja, a día de hoy, tiene un 50% de probabilidad de divorciarse antes de que ese bebé cumpla los cinco años de edad. Es altamente posible que no supere el matrimonio. ¿Por qué? ¿Acaso han dejado de amarse?

La respuesta es compleja pero nuestra condición de seres contradictorios puede ayudarnos a entender esta cuestión. Si no activaron en su momento el interruptor del pensamiento crítico y ahora, cuando son padres, tampoco lo hacen, es razonable que la cosa no acabe como se esperaba. Porque muchas parejas se plantean la paternidad mirándola desde el prisma de la vida de novios o de recién casados, es decir, desde la felicidad que da la perspectiva de tener solo que dedicar tiempo y atención a tu pareja y a ti mismo. De no tener otra responsabilidad que no sea la de hacer lo que uno quiere, cuando uno quiere y con la persona que quiere.

Sin darnos cuenta, este prisma nos ha hecho ver el futuro de la paternidad desde el optimismo del presente. Pero un bebé rompe los esquemas vitales de manera radical, y los criterios de atención hacia la pareja y hacia uno mismo se ven afectados por un tercer criterio más necesitado de atención que los anteriores: el bebé. Sin reflexionar lo suficiente, empezamos a sentir que nuestra vida no es la que era, que el hedonismo del que disfrutábamos empieza a difuminarse y en muchas ocasiones no estamos dispuestos a ello. Queremos ser padres/madres estupendos y tener familias de película, pero también queremos disfrutar como antes lo hacíamos. Queremos tener una pareja maravillosa, estable, que nos ame y guarde fidelidad, pero también queremos abrirnos a otras experiencias independientemente del matrimonio. Queremos pasar tiempo con nuestra familia, con nuestros hijos, poder ver cómo crecen, pero también queremos proyectarnos individualmente en el plano profesional o en el ocio personal.

Hay muchas exigencias, esperanzas, ilusiones y aspiraciones que cubrir, y las queremos todas. No estamos dispuestos a sacrificar nada, demostrando que, aun sabiendo que es imposible, seguimos intentándolo. Lipovetsky ha escrito uno de los ensayos contemporáneos que mejor puede ayudarnos a entender el modelo de vida que tenemos y el modelo de sociedad que estamos construyendo. Se titula *La felicidad paradójica*, y aunque se publicó en el 2006, muchos de los análisis que presenta están completamente vigentes a día de hoy.

Entendernos, saber cómo somos, comprender también a los que nos rodean, significa aceptar sus contradicciones e intentar sobrellevarlas lo mejor que podamos, porque todos tenemos las maravillosas imperfecciones de la paradoja.

Vivimos en una sociedad que, por una parte, alza un canto al hedonismo accesible en casi todas las facetas vitales. El placer por el placer, las relaciones sexuales liberadas de pesados códigos morales, la comida por doquier, la diversión, el alcohol, la fiesta, los viajes constantes, la obsesión por las nuevas experiencias..., pero, por otra parte, esta búsqueda hedonista de los placeres mundanos se da de bruces con la ideología preventiva más poderosa de todas, la que intenta separarnos de los vicios, la que demoniza el tabaco y potencia el deporte como forma de vida sana, la que realiza análisis de sangre y chequeos médicos anuales por si acaso, la que se obsesiona con cuidar la dieta de manera casi matemática por medio de aplicaciones que cuentan las calorías diarias, la que se apunta a cursos de meditación para encontrar el equilibrio emocional...

Estamos en una época donde los extremos de la paradoja parecen convivir con total normalidad. Nos obligamos a cuidarnos por un lado, a sacrificarnos en muchas facetas personales en pos de una vida más saludable, pero, por otro lado, no paramos de intentar disfrutar hedonistamente de placeres que no son buenos para nuestra salud. Por si todavía no lo han entendido, a veces somos seres contradictorios, y si encendemos el interruptor del pensamiento crítico, seremos capaces de comprender también las contradicciones de otras personas de cara a poder llevar una mejor convivencia.

VICTORIA CAMPS. LA POSVERDAD Y EL ELOGIO DE LA DUDA

Si queremos pensar de manera correcta, si queremos desarrollar un pensamiento que sepa cribar, que sea capaz de separar el grano de la paja, no podemos pasar por alto uno de los instrumentos más importantes con los que trabajar: la duda. Debería existir una asignatura obligatoria en las escuelas y en cualquier proceso educativo que nos enseñase el sano ejercicio de la duda. Tenemos que aprender a dudar. Esta última afirmación puede parecer una tontería, una fruslería, una bobada. Podría pensarse que no hace falta que nos enseñen a dudar porque es algo que se aprende de manera autónoma, sin que nadie te enseñe, pero nada más lejos de la realidad. Aprender a dudar, saber cuándo dudar, saber cómo dudar, convivir con ciertas dudas y, a pesar de todo, ser personas equilibradas y felices es fundamental para nuestro desarrollo.

Vivimos rodeados, y si me apuran, bombardeados, de un exceso de información con la que tenemos que lidiar a diario. De repente nos llegan miles de titulares, de notificaciones, de acontecimientos, de opiniones que parecen verdades, de verdades que parecen opiniones..., y por si no tuviéramos bastante, ahora nos encontramos con la «era de la posverdad». Como teníamos poco con nuestras contradicciones internas y las contradicciones de los demás que nos presionan a diario (la vida se vive una vez, disfrútala a tope, consume experiencias..., pero cuídate mucho, sé precavido y angústiate por el futuro), encima le añadimos el asunto de la posverdad. *Posverdad* fue la palabra de moda en 2016 y mucho me temo que nos va a acompañar durante bastante tiempo.

La posverdad explica las actuales circunstancias en las que los hechos objetivos influyen menos en la formación de la opinión pública que los llamamientos a la emoción y a la creencia personal. Es el mejor instrumento que tiene la mentira a su servicio. Son las nuevas técnicas para mentir que han llegado a perfeccionarse, sobre todo por medio del uso de las redes sociales. Es una mentira emotiva destinada a crear y modelar la opinión pública, es una manipulación sensacionalista buscando la respuesta emocional y abandonando la objetividad, y claro, así la dificultad de saber sobre la verdad de los hechos aumenta exponencialmente.

Si bien no es un fenómeno nuevo el hecho de que alguien poderoso quiera manejar la opinión pública, lo que sí es novedoso es que la influencia de estas «mentiras emocionales» haya calado tan hondo en la población y en una generación que «supuestamente» es la mejor formada de la historia. Paradójicamente nos encontramos con que dirigir a la opinión pública en la época de mayor diversidad de canales informativos del mundo, donde, además, el acceso a la información está a golpe de clic, es pan comido. Es preocupante que seamos tan fácilmente manipulables, que apenas se necesite un titular sensacionalista, o unas imágenes efectistas o semiescandalosas, para que interioricemos la opinión que ellos quieren que tengamos. Pero lo que es todavía más alarmante es que ni siquiera nos preguntemos por la objetividad de los hechos, por la objetividad de la noticia. Todo lo contrario, asumimos sin el más mínimo atisbo de duda que las cosas que nos cuentan son y suceden como nos las cuentan, o, al menos, no hacemos por corroborar que así sean, aun disponiendo de medios para hacerlo. Por esto es necesario que a nuestros niños, a nuestros jóvenes y a los que ya no lo somos tanto les enseñemos los beneficios de un aprendizaje a través de la duda.

¿Qué clase de sociedad deja desamparada la duda entre sus ciudadanos? No es una respuesta complicada: aquella sociedad que quiere que las creencias y los intereses de los poderosos se conviertan en verdades. La que sabe que acudir al efecto emocional del ser humano es más rentable y más sencillo que dotarle de pensamiento crítico. A esto se suma que puede controlar uno de los elementos más poderosos del siglo XXI, una de las armas más potentes que existen en la sociedad de la hiperconexión y de la hipercomunicación: la opinión pública.

La posverdad, es decir, una mentira bien contada, que aporte sensación de verdad y que acuda directamente a movilizar el lado emocional del ser humano, es más rentable que cualquier verdad de cara a forjar opiniones. Y para esta posverdad se están fabricando una serie de mecanismos y de instrumentos que están facilitando la expansión de la misma por todas partes. La posverdad se está encontrando con grandes facilidades para instalarse entre nosotros y, lo que es peor, está asentada en el panorama social e intelectual, eliminando a su peor enemigo, el pensamiento crítico, para quedarse durante mucho tiempo entre nosotros. Es una de las amenazas más grandes que tenemos porque pasa desapercibida. Se ayuda de esa hiperconectividad entre particulares, una hiperconectividad que se ha convertido en una especie de refugio de la libertad pero donde los aparatos de poder han sabido adentrarse sibilinamente sin que nos demos cuenta. Las redes sociales, de manera casi inadvertida, se han transformado en lacayos de esta posverdad. Se elaboran noticias y titulares acompañados de imágenes, con poco texto y mucha emotividad que se comparten miles y millones de veces. Ejércitos de *hackers* subvencionados por intereses políticos y/o económicos inundan a diario Internet de falsas noticias. Es sorprendente cómo una noticia con apariencia de verdad llega a retuitearse o a publicarse en el muro de Facebook de manera simple y acrítica.

Los instrumentos de los que se sirve la posverdad paradójicamente se convierten en nuestros aliados a la hora de defender nuestras libertades y esta, la posverdad, se aprovecha de dicha confusión para colarse por las rendijas de la opinión pública. En la sociedad de la turbotemporalidad la gente tiene más interés en expandir rápidamente el mensaje que en pararse a pensar sobre la objetividad y verdad del mismo.

Una sociedad que no activa el pensamiento crítico, que no somete a duda las cosas que pasan a su alrededor, se convierte en una sociedad colaboracionista de la posverdad, amiga de la posverdad, aliada en defensa de la mentira creíble y sensiblera. Por eso tenemos que reivindicar la duda si queremos mejorar la sociedad en la que vivimos y recuperar algo que parece estar cada vez más en desuso: la autenticidad. Lo auténtico está perdiendo la batalla frente a lo aparente, frente a lo virtual.

Victoria Camps, una de las filósofas españolas más punteras en el campo de la filosofía política y especialista en ética, en el 2016 publicó un libro que pone en valor la necesidad de dudar: *Elogio de la duda*. No es la primera filósofa, ni el primer filósofo, que reivindica la necesidad de dudar para mejorarnos no solo a nosotros, sino también al mundo en el que estamos. La historia de la filosofía, desde sus orígenes, postuló la duda como un instrumento necesario y también (o más bien incluso) como un modelo de vida.

¿Por qué dudar en los tiempos presentes? Victoria Camps nos sugiere lo siguiente:

«Vivimos tiempos de extremismos, antagonismos y confrontaciones. A todos los niveles y en todos los ámbitos, pero sobre todo en lo político. Una actitud que potencian a su gusto los escenarios mediáticos y que sube de tono gracias a la facilidad con la que las redes sociales brindan la ocasión de apretar el gatillo contra cualquiera cuyo comportamiento o mera presencia incomoda... En un clima como este, la duda ante lo que desconcierta y extraña, en lugar del exabrupto inmediato, sería una forma de reaccionar más saludable para todos. Tomarse un tiempo, pensarlo dos veces, dejar pasar unos días, antes de dar respuestas airadas».

Adquirir una actitud vital donde la duda tenga su papel, donde la duda se imponga al imperio de la inmediatez que nos apabulla de manera despótica, sería algo tremendamente beneficioso para nuestra evolución, para construir una sociedad más sana en lo referente a hábitos mentales.

La duda no está de moda y difícilmente lo estará si seguimos imbuidos en la turbotemporalidad que rodea nuestras vidas. La inmediatez, lo instantáneo, se ha convertido en un hábito mental que se está expandiendo a pasos agigantados, ayudados por esos instrumentos en forma de redes sociales de los que hemos hablado. Y claro, en este panorama, dudar significa frenar, parar para reflexionar, investigar, inquirir, dedicar tiempo para ver si existe engaño o manipulación, o si es conveniente o dañino. La duda es, desde la perspectiva de la sociedad actual, desaceleración. Requiere tiempo, y esto provoca angustia, porque es un tiempo que se percibe como perdido.

Cada vez es más complicado anteponer la duda a la reacción visceral que te reclaman desde todos los sectores de la sociedad. Y lo es porque dudar supone también tomar distancias. Y este «tomar distancias» es una tarea complicada precisamente porque nos están vendiendo un mundo de sensaciones y experiencias por encima de una sociedad racional y reflexiva. Tomar distancia significa separarse, no implicarse, no formar parte de algo, y esto hace que nos sintamos mal porque las redes sociales nos empujan en la dirección opuesta. Incitan a que participemos en todo, que formemos parte de todo, que nos impliquemos, siquiera virtualmente, en todo, y la duda no es buena compañera para estas situaciones.

¿Por qué no solemos dudar? La profesora Camps lo

apunta muy bien: es mucho más fácil pensar de manera dicotómica, es decir, con dos polos opuestos, el sí y el no, el bien y el mal, lo bonito y lo feo. Esta manera de clasificar la realidad, sin matices, ayuda mucho a simplificar las cosas. Y al no tener matices no tenemos que dar muchas explicaciones sobre nada, o es sí, o es no:

> «Es más fácil situarse en el sí o en el no porque para hacerlo no hacen falta argumentos. O soy independentista o soy unionista. De derechas o de izquierdas. Acepto o no acepto a los refugiados. Los matices suponen demasiado esfuerzo. La duda inquieta y es una aguafiestas».

Es decir, dudar es una incomodidad a la vez que un esfuerzo, implica gasto de energía y de tiempo, y la sociedad de la inmediatez no está por la labor de promocionar la duda. A este impedimento le añadimos otro de calado quizá más profundo a la hora de hacer el análisis: dudar significa reconocer que no sabemos, que somos imperfectos, y la imagen exterior que queremos dar es la de seguridad, la de tener las certezas de nuestro lado. Basta abrir las redes sociales para ver que los argumentos que exponemos siempre parecen ser los «argumentos definitivos», mostramos total convencimiento de lo que allí publicamos, no solo es que no dudemos, sino que además nos mostramos convencidos de tener razón. Lo contrario sería mostrar una debilidad, y esto no tiene buen predicamento en la sociedad presente.

PIRRÓN DE ELIS.
ESCEPTICISMO PRAGMÁTICO

Aparte del ensayo que en 2016 publica la catedrática Victoria Camps, podemos encontrar innumerables ejemplos sobre pensadores que han expuesto la relevancia de la duda y han apostado por tener cierta actitud escéptica para acometer una labor vital digna. En los tiempos de la Grecia clásica, el escepticismo llegó a alcanzar tal importancia que hasta tuvo su propia escuela, encabezada por el que se reconoce como el primer maestro del escepticismo: Pirrón de Elis. Hablar del escepticismo de Pirrón y de su escuela es presentar un modelo de pensamiento y de vida que puede sernos de utilidad para las cuestiones cotidianas.

Pirrón, al igual que Sócrates, era ágrafo, es decir, no dejó escrito nada, y lo que sabemos de él se debe a los testimonios de terceras personas y discípulos directos como Timón de Fliunte o Sexto Empírico, o de historiadores de la Antigüedad tan ilustres como Cicerón o Diógenes Laercio. Para reunir este compendio de testimonios ha sido necesaria, tanto para Pirrón de Elis como para muchos de los filósofos griegos, una labor de investigación seria en torno a las fuentes para extraer una interpretación lo más fidedigna posible.

En nuestro país, hay pocos conocedores de este tema más relevantes que el catedrático de filosofía Ramón Román Alcalá, especialista en el escepticismo antiguo griego y concretamente en la figura de Pirrón de Elis, del que ha escrito el libro *Pirrón de Elis: un pingüino y un rinoceronte en el reino de las maravillas*.

Si Pirrón es el maestro de los escépticos y el escepticismo es una actitud que se sustenta en la duda, entonces podemos llegar a entender que Pirrón no dejase nada escrito. Para el profesor Román esta es una hipótesis factible. Pirrón, siendo coherente con la filosofía de vida que llevaba, no quería dogmatizar, no quería adoctrinar a nadie. Pero existe otra postura que me gustaría traer a colación para nuestra idea de activar el interruptor del pensamiento crítico. Esta idea es la de que Pirrón no dejó nada por escrito porque estaba convencido de la superioridad del acto frente al verbo, es decir, de la supremacía que aportaba para una vida la faceta práctica frente a la teórica.

Esta segunda interpretación parece más cercana de cara a entender por qué no dejó nada escrito. Lo importante es lo que haces y no lo que piensas o dices, el acto frente a la palabra. Lo verdaderamente escéptico es el modo en el que se vive y no las doctrinas que hablan sobre el escepticismo. Durante su vida, Pirrón, junto a su maestro Anaxarco, se enroló en la expedición de Alejandro Magno hacia Asia. No es de extrañar que, al poder ver otros mundos, al conocer otras culturas, al estudiar otros sistemas de vida radicalmente opuestos al griego y con influencias orientales, en un viaje donde conoce sacerdotes persas o a gimnosofistas (que eran sabios desnudos), también *brachmânes*, se diese cuenta de la relatividad y variedad del mundo y terminase viviendo con escepticismo.

Por eso este libro que estás leyendo, si adoptas parte de la perspectiva pirrónica de la vida, para que sea útil, tiene que reflejarse en los actos, en la realidad de un modo de pensar y actuar que te cambie realmente. No se trata de un ejercicio de pensamiento sobre las cosas, sino, más bien, para las cosas, para usar en las cosas (entendiendo «cosas» como la vida misma).

De hecho, a Pirrón se le reconoció de manera significativa como un gran pensador en su tiempo, probablemente por el estilo de vida que llevó y gracias al cual muchos otros decidieron seguirle, de ahí que se hable de una escuela de escepticismo (seguramente sin la más mínima pretensión por parte de Pirrón). Por lo que sabemos, Pirrón fue un gran ejemplo para la sociedad del momento porque atesoraba dos cualidades que destacan sobre el resto: inteligencia y nobleza, y es más, para sus contemporáneos, tanto Pirrón como los que después se acercaron al escepticismo eran considerados seres prudentes y magnánimos.

IMPRUDENCIAS Y PAMPLINAS

Pensar bien requiere dudar bien, pero sobre todo, saber desarrollar una actitud escéptica cuando la ocasión lo demande. Esto último tiene que ser dominado si queremos alcanzar la sabiduría pirronáica. Una de las mejores enseñanzas de los escépticos para nuestra vida proviene de la actitud prudente que demostraba Pirrón.

Prudencia viene del latín, *prudentia*, que a su vez se deriva de *providentia*, es decir, «el que ve por adelantado». La prudencia es esencial de cara a enfrentarte a determinadas situaciones vitales, pues implica templanza, cautela, moderación..., en definitiva, buen juicio. Pero también la prudencia es inicialmente una actitud reflexiva para afrontar un problema o situación, porque ser prudente significa poner en marcha la capacidad de análisis, saber discernir lo bueno de lo malo, lo conveniente de lo perjudicial. Si esto lo enlazamos con el siglo XXI, no estaría de más adoptar una actitud prudente ante los modelos de vida que se publicitan de manera hiperbólica minuto tras minuto.

No sería logro menor comenzar por asumir una actitud prudente al estilo pirrónico. A esto le sumamos una segunda cualidad vital para poder llevar una buena vida y que se convirtió en paradigma de los escépticos: la imperturbabilidad del carácter, a lo que dedicaremos un apartado específico más adelante. ¿Qué quiere decir esto? Pues algo tan simple como no dejar que cualquier cosa nimia e insignificante te altere o modifique el carácter. Frente a la multiplicidad de teorías, a las presunciones y prejuicios, a los modelos virtualizados de vidas maravillosas que terminan provocando frustraciones, lo mejor es ponerse una coraza para que nada nos afecte. No dejar que las especulaciones, fantasías y teorías infundada sobre la vida, la felicidad, el éxito, la motivación o la creatividad nos generen inquietudes y desvelos. Tenemos que mantener nuestro espíritu calmado, consciente de que no existe una solución a todos los males, la piedra filosofal para la felicidad. Para los escépticos lo importante es que esta actitud sea una práctica ante la vida.

La cuestión es saber cómo se logra semejante hazaña. La mejor manera es entrenando el propio carácter por medio de un instrumento muy significativo para los escépticos: la Ataraxia, que no es otra cosa que la tranquilidad del ánimo. En este sentido la duda es esencial para entender el proceso de los escépticos, como bien señala el profesor Román:

> «La duda pirrónica interviene también en el campo de las opiniones, de ahí que Pirrón renuncie a ellas por razón de su aspiración a la Ataraxia: si aspiramos a la paz del espíritu, no podemos dejarnos atrapar por el torbellino de las discusiones filosóficas».

La cosa se plantea sencilla: cómo logramos permanecer tranquilos si vivimos en el mundo de la hiperestimulación, donde nos bombardean con millones de ofertas materiales y emocionales, y donde la información se ha desbordado de tal manera que nos provoca alteraciones de ánimo constantes. Uno de los consejos más útiles que nos ofrecen estos escépticos es el de evitar entrar en discusiones especulativas, huir del mundo de las opiniones infundadas, evitar los charcos que no te aportan nada, en pos de trabajar un espíritu tranquilo y en paz. Como ya hemos mencionado antes, solo tienen que mirar a su alrededor para ver que los desequilibrios emocionales aumentan exponencialmente. Desequilibrios que nos indican que no logramos esa anhelada tranquilidad de ánimo, que no somos capaces de distinguir lo que realmente es importante de lo que no lo es.

Tenemos que aprender, al igual que Pirrón, a no adentrarnos en preocupaciones, en discusiones ni batallas sobre los miles de temas intrascendentes en los que perdemos tiempo y energía. Convertimos en problemas lo que generalmente es anecdótico, nos ahogamos en un desasosiego innecesario cuando bien podríamos vivir con mucha más tranquilidad de la que mostramos. Si lo pensamos bien, terminaremos descubriendo que dedicamos mucho tiempo y esfuerzo, muchas horas de pensamiento y casi de angustia a cosas que no las merecen, a eso que en mi tierra llamamos «pamplinas».

Tenemos que destacar que el escepticismo de Pirrón es una actitud a la que él llega y no tanto un punto de partida; es decir, con la experiencia de la vida, con el interruptor del pensamiento crítico encendido siempre, se va dando cuenta de la dificultad que entraña conocer a fondo las cosas y de la imposibilidad de esta empresa, de modo que concluye que devanarse la cabeza en asuntos irresolubles, en discusiones en torno a opiniones y demás, le provoca más perjuicios que beneficios, así es que adopta la actitud escéptica. Porque no podemos olvidar que Pirrón quiere ser feliz, y para ello se da cuenta de algo que bien podríamos aplicarnos en el siglo XXI: para ser feliz tenemos que vivir de manera tranquila y serena, en paz con nuestros semejantes, pero sobre todo, con uno mismo, y la mejor manera de hacer esto es practicarlo a diario, aceptar que la vida acontece como acontece, es como es, y que hay obligaciones y cosas que debemos hacer y otras que son prescindibles.

No sería mala idea añadir a este escepticismo pirrónico un último elemento de gran utilidad para buscar esa tranquilidad de ánimo que tanto ansiamos en un mundo que nos inquieta constantemente: la afasia.

La afasia no es otra cosa que la «suspensión del juicio», es decir, no opinar, no enjuiciar. Este es un instrumento importante para poder alcanzar esa tranquilidad (ataraxia) que ansiamos. En una sociedad como la nuestra, donde tenemos el dedo a flor de piel, cual gatillo que apretar en las redes sociales, nos indignamos con las opiniones de otros y reaccionamos publicando la nuestra, buscando constantemente argumentos que la sostengan, peleando por ganar el debate, y no es la primera vez que nos sucede que las consecuencias de opinar nos provocan malestar y desasosiego porque no son aceptadas o recibidas como pretendíamos. Pirrón lo tenía claro: si quieres alcanzar esa idea de la vida tranquila contigo y con los demás, ese ánimo calmado, ese intelecto sereno, evita las opiniones, y si eres capaz, intenta no emitir juicios que puedan perjudicarte.

MONTAIGNE.
LA AUTOESTIMA O PENSARSE
BIEN A UNO MISMO

La escuela escéptica que se creó después de Pirrón de Elis ha dejado seguidores y admiradores de renombre a lo largo de la historia de los que también podemos aprender mucho, sobre todo de cara a alcanzar el objetivo de llevar una buena vida. Uno de los más singulares, del que ya hemos hablado, es el pensador francés y padre del género ensayista Michel de Montaigne. Montaigne es el primer pensador que convierte en filosofía todo lo que analiza; es alguien que está convencido de que la filosofía es un modelo de vida y que los acontecimientos que la rodean, sean los que sean (desde la importancia que le damos al pene, hasta las defecaciones), pueden y deben ser observados con la perspectiva de esta disciplina, que nada tiene que escapar a lo que venimos llamando «la activación del interruptor del pensamiento crítico».

Montaigne, en vez de acercar la vida a un análisis filosófico y escribir un tratado sobre cuestiones existenciales, decide lo contrario: acercar la filosofía a la vida, pero a la vida común y vulgar de cualquiera de nosotros. No deja de lado ningún aspecto de lo cotidiano. No en vano confesará en sus *Ensayos* que su principal objeto de investigación será él mismo.

Se le conoce como el primer «ensayista» de la historia. Hasta Montaigne, la mayoría de los escritos que tenían relación con la filosofía o la teología solían ser muy sistemáticos, estaban organizados por líneas temáticas dependiendo del sujeto o del objeto que se investigaba. Los campos del saber estaban delimitados y se podría decir que existía una especialización para cada uno de ellos. De repente Montaigne, a la edad de 38 años, y tras haber sido por dos ocasiones alcalde de la ciudad de Burdeos, decide retirarse a vivir en su castillo y a escribir. El problema surgió cuando buscó los temas sobre los que tratar, entonces decidió hacer algo revolucionario para el momento histórico en el que se encontraba. Decidió escribir sobre lo que mejor conocía: él mismo. Así nos lo hace saber en la primera página de su libro, titulado *Ensayos*:

> «Así, lector, que sepas que yo mismo soy el contenido de mi libro, lo cual no es razón para que emplees tu vagar en un asunto tan frívolo y tan baladí».

Decidió escribir sobre sí mismo, sobre lo que había aprendido durante su vida, sobre lo que había experimentado, sobre los temas que le interesaban, pero sin verse forzado a investigar o tratar a fondo lo que otros pensadores habían dicho antes sobre esos temas, aunque sin renunciar a entrar en diálogo con ellos, ya fuesen filósofos griegos, romanos, poetas, historiadores…

Lo interesante de los *Ensayos* de Montaigne es que, a

diferencia del modelo de la filosofía que se realizaba por aquel entonces, este libro investigará al ser humano de la manera más natural posible, se ocupa de los asuntos que a cualquier persona común podrían concernirle. Sus *Ensayos* fueron y son tremendamente admirados, leídos y estudiados.

No quiso renunciar a ninguno de los aspectos que formaban parte de nuestro mundo, y así, como curiosidad, llegó a hablar sobre el pene y la importancia del mismo en el concepto de virilidad. A este respecto escribió lo siguiente:

«Cada uno de mis miembros, en la misma medida, me hace sentir ser quien soy y ninguno define más mi masculinidad que ese. Debo al lector un retrato completo de mí mismo».

Para ello usará todos los instrumentos que tiene a su alcance, la razón y la experiencia, sin desdeñar la una por la otra:

«Ningún deseo es más natural que el deseo de conocimiento... cuando la razón nos falla, empleamos la experiencia... que es un medio mucho más débil y más vil. Pero la verdad es una cosa tan grande que no podemos desdeñar intermediario alguno que pueda conducirnos a ella».

Es decir, todos los instrumentos que tenemos son válidos para la vida, no tenemos que desechar ninguno. Pero lo que fue remarcable en Montaigne y por lo que ha pasado a la fama es porque, al usar como objeto de investigación a sí mismo y decidir hacerlo en forma de libro desestructurado, sin apenas otorgarle categoría, creó un nuevo género literario que denominó *ensayo*, una palabra que ya denota escepticismo a la hora de acercarse al conocimiento. Es una prueba, un intento que nos ayuda a comprendernos mejor. Montaigne se mostró preocupado por el análisis de la experiencia propia, pensaba que se aprendía más de esta que de la ajena, y así nos dice:

> «Preferiría ser un entendido en mí mismo a serlo de Cicerón. Con mi experiencia sobre mí me basta para hacerme sabio, si fuere buen estudiante».

El objetivo de fondo, si queremos llevar una buena vida, es aprender a pensar bien. Para eso, lo cotidiano era el eje de sus investigaciones. Consideraba que era necesario e interesante indagar los asuntos comunes; así, como Victoria Camps nos detalla, a Montaigne le importaba la vida sencilla repleta de anécdotas. Estudiaba a los clásicos, pero se fijaba en sí mismo como principal objeto de observación. Pensaba que cualquier cosa podía ser fuente de conocimiento: la manera en la que dormía, cómo se protegía del frío, sus evacuaciones (descomer), sus momentos de placer... No despreciaba ningún tema relacionado con la vida y, lo que es de mayor interés para nosotros, no desestimaba nada que tuviera que ver con uno mismo.

Uno de los problemas que bien podemos analizar usando las enseñanzas de Montaigne es el de la autoestima, es decir, el modo en el que nos valoramos y en el que, por lo general, somos bastante críticos. A causa de esta dureza y tenacidad que nos infligimos, terminamos sintiendo malestar y decepción. Para analizar esta problemática, Montaigne puede sernos de especial utilidad. Según este intelectual, tenemos tres grandes preocupaciones de las que difícilmente podemos librarnos.

En primer lugar solemos tener siempre una preocupación excesiva sobre la percepción de nuestro cuerpo. No terminamos de aceptarnos. No deja de ser sorprendente que cuando hablamos con personas que consideramos hermosas en lo referente al ideal de belleza, modelos de pasarela o de revista, muchas cuentan con aspectos de su físico que no les gustan. Somos demasiado críticos con nuestro cuerpo, y esa decepción y falta de aceptación, dependiendo de la intensidad de la misma, podría causarnos serios problemas que irán más allá de los simples complejos.

Para enfrentarnos a esto existen soluciones parciales de cara a moldear ciertas partes de nuestro cuerpo que están al alcance de nosotros, pero si fuera tan sencillo todos tendríamos un físico envidiable, y sin embargo, no lo tenemos. Algunos no estamos contentos con nuestro pelo o con nuestra nariz, o no termina de gustarnos las orejas, o tenemos una boca pequeña o grande, o bien los labios no son lo suficientemente carnosos, o tenemos las pestañas cortas o las cejas muy altas, o muy bajas y pegadas al párpado... El caso es que, si bien podemos intentar modificar en parte nuestro cuerpo con ejercicio, alimentación o cirugía, existen otros factores que no podemos dominar y de los que no somos responsables. La altura, el color de la piel, la distancia entre los ojos... son imponderables con los que no podemos hacer apenas nada.

El segundo punto que Montaigne expone como una preocupación personal es el de la poca capacidad de aceptación cuando somos juzgados por los demás de una manera que no compartimos. Es el juicio negativo, el destructivo, el que no logramos asimilar. Es un sentimiento de incomodidad cuando otras personas no nos aceptan tal y como somos, cuando no aprueban nuestra manera de enfrentarnos a la vida, cuando muestran disconformidad con nuestros hábitos y costumbres, con nuestras relaciones personales, con nuestra selección de amigos, de pareja, de trabajo... En muchas ocasiones, si no sentimos el refuerzo social sobre estas cuestiones, se genera en nosotros un sentimiento de incomodidad.

El último sentimiento en torno a nosotros que Montaigne detecta como importante, de cara a construir una personalidad sana y, a ser posible, poco acomplejada, es el de la inteligencia. Solemos juzgarnos en comparación con otros y en función de nuestra inteligencia. Queremos siempre tener más capacidad intelectual de la que tenemos y, por lo tanto, sufrimos, conocedores de que no llegamos a más.

Son tres factores que hacen que nos sintamos incómodos con nosotros mismos. Esta manera de masacrar la estima procede de elegir modelos equivocados en los que fijarnos, porque no tenemos en cuenta ni la naturaleza de ellos ni la naturaleza propia. Por eso, para desarrollar esa personalidad equilibrada que queremos conseguir, una personalidad que sabe dónde está ese interruptor del pensamiento crítico y sabe cuándo activarlo, tenemos que elegir adecuadamente a quién admirar. De no ser así, lo más probable es que cada vez que no logremos parecernos a los modelos que hemos elegido caigamos en la tristeza o en la depresión. Elegir un modelo erróneo de vida sin tener en cuenta nuestras circunstancias, actitudes y destrezas nos puede llevar a la perdición.

Una de las soluciones para evitar elegir el modelo equivocado e intentar no decepcionarnos consiste en poner atención a los sencillos detalles de las personas que nos rodean y que hacen cosas normales sin necesitar mucho para sentirse felices: una cerveza con los amigos en el bar, un rato de lectura tranquilo por las noches en la butaca, una pequeña siesta en el sofá antes de emprender las actividades de la tarde, un paseo de camino al colegio con los niños charlando sobre las cosas del día a día…

Los *Ensayos* de Montaigne tuvieron mucho éxito porque entre otras cosas hablaban de la cotidianidad de cada uno, de la búsqueda de lo sencillo. El problema llega cuando nos quieren hacer pensar que somos únicos, irrepetibles y sobre todo extraordinarios. El progreso del individualismo hasta el extremo del hiperindividualismo nos provoca la necesidad inconsciente de sentirnos seres únicos, de no querer convertirnos en masa. Los mensajes de esta sociedad hipermoderna giran siempre en torno a lo excepcional: personas excelentes, imágenes sorprendentes, bellezas insólitas, restaurantes singulares, paisajes asombrosos, experiencias sensacionales…, y claro, de repente nos miramos en el espejo, hacemos análisis y caemos en la cuenta de que no somos nada fuera de lo común, con las consecuencias para la autoestima que esta conclusión conlleva.

Esta obsesión por lo singular, lo exclusivo, termina pasándonos factura hasta el extremo de denostar lo que realmente es importante y vital en nosotros: lo ordinario, lo repetitivo. Ya lo decía Ortega y Gasset, que el hombre es un ser de costumbres. Lo normal se ha convertido en una pesada carga psicológica que nos hace sentir desgraciados, casi miserables, porque no llevamos la vida que nos venden: la vida extraordinaria.

Estamos cometiendo el error de repudiar la rutina. «Lo rutinario» se ha convertido en un estigma, sinónimo de aburrido, de soso, de insulso. Para muchas personas representa la pasividad, lo estático, lo anodino. Pero si activamos el interruptor del pensamiento crítico, descubriremos que para ser felices tenemos que ser arquitectos de nuestra propia rutina. Pocas cosas producen más satisfacción, calma y sosiego que una rutina planificada por uno mismo.

Si queremos recuperar la felicidad y aumentar la autoestima, estamos obligados a valorar la cotidianidad, a construir un día a día donde encontrar momentos y lugares en los que nos sintamos simplemente felices. De lo contrario, si estamos esperando constantemente la *extraordinariedad*, entonces sufriremos de manera titánica.

Como Michel de Montaigne dijo: «La peor desgracia para nosotros es desdeñar aquello que somos». Parte de lo que somos se define por lo que hacemos; por eso no es aconsejable menospreciar nuestra cotidianidad. Montaigne, al hablar de temas ordinarios y banales como las flatulencias o la propia impotencia, sube de categoría intelectual la vulgaridad de la vida y se convierte en alguien más cercano, digno de ser analizado.

PENSAMIENTO SÓLIDO. LA IMPORTANCIA DEL CONTEXTO

Hay que tomar el control de nuestras vidas y esto puede parecer una obviedad, pero nada más lejos de la realidad. Estamos viviendo al revés, es decir, la vida es la que nos lleva a nosotros, y no viceversa. En esta tiranía de la hiperactividad nos dejamos llevar, en lugar de ir, es decir, nos llevan, pero no vamos. Para que la corriente no nos arrastre, es importante tener una personalidad equilibrada de cara a construir lo que yo denomino un «yo sólido», frente al «mundo líquido» que el sociólogo Zygmunt Bauman postuló.

Para explicar la importancia que tiene controlar nuestras vidas, es necesario conocer las circunstancias e intentar seleccionar los contextros. Para aclararlo expondremos un experimento que se realizó en la universidad de Oxford con un grupo de bebés recién nacidos. En una habitación se pusieron bebés de diez meses a los que, de vez en cuando, se les encendía desde fuera una luz roja. Al principio, los bebés, asombrados cuando se encendía la luz, se paraban y sonreían admirados por este fenómeno, pero una vez que esto pasó unas cuantas veces, dejaron de prestarle atención. Después metieron a un segundo grupo de bebés en la misma habitación, pero con la variable de que la luz roja solo se encendía cuando los bebés realizaban un determinado movimiento. Cuando los bebés descubrieron el funcionamiento se montó la más gorda y no pararon de activar la luz roja una y otra vez prolongando el juego y la diversión casi tres veces más que el grupo primero. Al descubrir qué había que hacer para encender la luz y lograr hacerlo, es cuando reciben la satisfacción que les proporcionaba controlar el contexto en el que estaban. Controlar, o simplemente saber cómo funcionan los elementos que tienes cerca, al igual que conocer a las personas de las que te rodeas, es el primer paso para saber en qué contexto te mueves.

El contexto es esencial, y tenemos que aprender a reconocerlo desde que somos pequeños, a observar más allá de lo que hacemos y ampliar el campo de miras más allá de lo inmediato. Cada circunstancia que analicemos nos ayudará a enfrentarnos a ella de manera más equilibrada.

En las clases de filosofía comenzamos siempre estudiando los contextos de los autores, contexto histórico-cultural y filosófico, porque para entender cómo piensa una persona, el modo en que se enfrenta al mundo, cómo lo interpreta..., y de cara a comprender mejor su filosofía, es necesario conocer su contexto y sus circunstancias. Cuando leemos filosofía con los alumnos, a Platón, Aristóteles o incluso al propio Nietzsche, no podemos comenzar directamente por su obra, si bien es algo que se puede hacer en cualquier momento. Pero si queremos entender mejor por qué escribe lo que escribe, por qué, por ejemplo, Nietzsche tiene una filosofía que atrae tanto, que es tan poderosa en sentencias y frases, por qué revolucionó el pensamiento... lo tendremos mucho más fácil si sabemos algo más sobre cómo se crió, si sabemos que su padre fue sacerdote y que murió postrado en la cama tras un año de mucho dolor y sufrimiento cuando Nietzsche tenía cinco años. Un niño que vio que su padre, que era siervo de Dios y buena persona, sufrió durante un año un castigo físico inaguantable, algo difícil de entender para alguien que pierde la figura paterna en esas circunstancias.

Nietzsche, antes de cumplir los cuarenta años, se prejubiló porque sufría tremendas jaquecas y reuma, y los últimos diez años de su vida, tuvo que ser internado en una institución psiquiátrica porque tenía problemas para controlarse. No es lo mismo intentar comprender a Nietzsche en su contexto que sin su contexto, y sabiendo esto, seremos capaces de tener una visión distinta sobre la filosofía del autor.

Esto no quiere decir que el contexto ni tampoco las circunstancias lo justifiquen todo, no podemos ampararnos en el contexto cuando algo no nos sale bien, cuando no hemos tomado la decisión correcta. El contexto sirve para comprender mejor y nos ayuda a situarnos frente a la vida, pero después tenemos que activar el interruptor del pensamiento crítico a la hora de enfrentarnos a las decisiones.

Introducir el contexto en el ejercicio del pensamiento crítico es fundamental. Es uno de los mejores hábitos de la filosofía que tendríamos que importar a nuestras vidas, un hábito que habría que sistematizar de manera mecánica: contextualizar. Situar cada cosa en su contexto, en su tiempo, en el momento; tener la capacidad de mirar más allá de nuestras propias narices, de nuestra sensibilidad, e intentar captar y conocer lo que está alrededor.

Estamos en un momento muy difícil para entender los contextos porque nos hallamos inmersos en lo que Lipovetsky denomina «el periodo del hiperindividualismo», donde el sujeto está por encima de cualquier cosa. La preocupación por uno mismo se ha convertido en el eje central de nuestras vidas y así, en una sociedad sometida a la búsqueda del placer individual constante, la tiranía de la felicidad se impone. Esta hiperindividualidad no suele activar la perspectiva del contexto, de modo que a la hora de tomar decisiones no somos capaces de mirar adecuadamente hacia lo que nos rodea. No son buenos tiempos para «el otro», porque no tenemos en cuenta el contexto. Si pretendemos llevar una vida más equilibrada tenemos que activar ese interruptor del pensamiento crítico sin olvidar este elemento.

El contexto sirve para entendernos mejor a nosotros y a los demás. Si queremos que nuestras decisiones sean lo más acertadas posible es necesario analizar los contextos, sobre todo el nuestro. Como siempre se ha dicho, no es bueno tomar decisiones «en caliente», es decir, cuando las emociones están a flor de piel y el pensamiento apenas hace acto de presencia. Sentimos el impulso de decidir en ese preciso instante y nos convencemos de que es lo mejor, pero sabemos que después, con más calma, haremos el análisis de la situación anterior y lo veremos todo más claro, porque tendremos en cuenta el contexto y las circunstancias que en el ardor del momento habíamos dejado pasar, detalles que habíamos olvidado.

El modelo de vida que se impone es instantáneo, rápido, fugaz, donde la paciencia, la reflexión y el análisis no son el paradigma de los tiempos actuales. Esta turbotemporalidad es otra de las grandes enemigas del contexto. La necesidad de hacer todo rápido, de tener todo al instante, de conseguir las cosas de manera casi inmediata no deja que realicemos el análisis de las circunstancias que rodean al momento. Por esto tenemos que aprender a pensar críticamente de manera sosegada, a saber que existe algo más que lo que viene siendo yo, yo y yo, y para esto echaremos mano de uno de los filósofos españoles más relevantes de todos los tiempos: Ortega y Gasset.

ORTEGA Y GASSET. CIRCUNSTANCIAS PARA EL SIGLO XXI

Ortega y Gasset (1883-1955) ha logrado formar parte de los manuales de historia de la filosofía y se presenta como uno de los pensadores más clarividentes, nítidos y sencillos a la hora de enfrentarnos a sus textos, probablemente porque había trabajado durante sus inicios como periodista. Es de esos escritores que no se pierden en un vocabulario denso, específico y cuasi científico que caracteriza a muchos filósofos y que aleja al gran público de sus escritos. Ortega y Gasset es un pensador al que da gusto leer porque es tremendamente claro en sus exposiciones. Supongo que esto le costó el recelo en el panteón de los «Filósofos Puros», y pasó a ser colocado en el escalafón de los ensayistas. Y si hablamos de España, podría decirse que no ha logrado obtener el reconocimiento que un pensador de esta categoría merece. Ya se sabe que nadie es profeta en su tierra.

Ortega nació en Madrid en 1883, su padre fue esencialmente periodista, si bien escribió varias novelas de corte social que pasaron sin pena ni gloria. Y como periodista trabajó en el periódico *El Imparcial*, que era propiedad de la madre de Ortega, la señora Dolores Gasset. Era una familia clásica y liberal de finales del siglo XIX español. Tanto por parte de padre, como de madre, el oficio de escribir le venía de casta al galgo. Ya de joven, fue testigo de lo que se denominó el Desastre del 98 con la pérdida de las colonias españolas de Cuba, Filipinas y Puerto Rico. En 1905 se licencia en Filosofía en la Universidad de Madrid, donde, dos años después, obtiene el doctorado y se marcha a recorrer las universidades alemanas en busca de lo que se llamó la regeneración de España. El hecho de que pasara una parte de su vida en el extranjero, y más en concreto en Alemania, fue determinante para la visión europeísta de España que tanto defendió a lo largo de su vida.

A los 28 años se casa con Rosa Spottorno y en 1911 comienza a mostrar un interés personal por participar en la vida pública del país y de un Madrid convulso en el que se respiran tiempos de cambio. En 1914 publica su primera obra, *Las meditaciones del Quijote*, donde deja entrever su idea sobre la importancia de la perspectiva a la hora de enfocar la vida. Fundó varias revistas, pero quizá la más renombrada fue *Revista de Occidente*, que se mostró como un instrumento social y cultural contra la dictadura de Primo de Rivera (1923), motivo por el que en 1929 dimitirá de su cátedra de la Universidad de Madrid. En 1931, con la proclamación de la Segunda República, es elegido diputado de las Cortes Constituyentes, pero a raíz del golpe de Estado de 1936 que dio lugar a la guerra civil española, se exilió comenzando un periplo con Argentina, París, Holanda y Portugal. En 1945, terminada la Segunda Guerra Mundial, volverá a España, pero no podrá recuperar su cátedra. Pasados unos años decide marchar a Alemania donde tendrá una calurosa acogida y un justo reconocimiendo dentro del mundo académico. Finalmente en 1955, regresará a España, donde morirá ese mismo año.

Este breve contexto nos presenta a un hombre distinto a lo que estamos acostumbrados cuando se nos viene a la cabeza la imagen de un filósofo. Una persona comprometida con la sociedad del momento y que está decidida a luchar para mejorar el mundo en el que se encontraba. Una lucha desde todos los flancos, desde el plano intelectual, con la publicación de libros y ensayos, con la fundación de centros de enseñanza, de revistas…, y, en el plano social, con su aportación a la vida periodística y política del país. En definitivas cuentas, una persona involucrada, que tiene que exiliarse varias veces a lo largo de su vida, porque no tiene cabida en el modelo político y social del momento y que recibe reconocimientos en el extranjero, como el doctorado *honoris causa* que le otorgaron las Universidades de Glasgow y Marburgo. Su vida, la cantidad de países en los que vivió, las culturas de las que se impregnó durante sus periplo…, todo ello nos hace entender mejor su propuesta filosófica. No en vano el famoso «yo soy yo y mi circunstancia» puede comprenderse mejor si conocemos parte de las circunstancias que envolvieron la vida de este maravilloso pensador español.

La frase más célebre de Ortega que sintetiza parte de su filosofía aparece por primera vez formulada en su libro *Las meditaciones del Quijote*, donde dice: «Yo soy yo y mi circunstancia». Lógicamente no podemos reducir toda la filosofía de este pensador extraordinario a una sola frase, pero sí podemos entender mejor su obra intentando profundizar algo más en lo que esto significaba y las ventajas que podemos sacar de este modelo de pensamiento para nuestro día a día.

Para Ortega, la circunstancia es la presencia de un yo real y vivo, que coexiste con las cosas que le rodean, es decir, con lo que nosotros venimos denominando «el contexto» (por facilitar un poco la comprensión). De hecho una de las veces en las que Ortega expone su doctrina llega a decir lo siguiente: «Yo soy yo y mi circunstancia, y si no la salvo a ella no me salvo yo». Es decir, nosotros no somos lo que somos si no tenemos en cuenta nuestra circunstancia. El yo no se entiende en soledad, nuestra identidad no se construye independientemente de las cosas, personas, lugares, acontecimientos... que nos rodean. La circunstancia podría comprenderse como el conjunto de todo esto que nos ayuda a convertirnos en yo. Cuando Ortega dice: «Si no la salvo a ella, no me salvo yo», nos está exponiendo la necesidad de contar con las circunstancias de nuestra vida de cara a poder aceptarnos mejor. De ahí la importancia de situarnos siempre dentro de nuestra circunstancia. El problema surge cuando se nos olvida nuestra circunstancia o fingimos tener otra, porque entonces estamos falsificando nuestro yo.

Cuando no activamos el interruptor del pensamiento crítico en torno a nuestras circunstancias, cuando no reflexionamos sobre dónde estamos, de dónde procedemos, cuáles son nuestras raíces, en qué nivel económico nos encontramos, nivel cultural..., puede sucedernos que, sin darnos cuenta, falseemos nuestra circunstancia. Es como la familia de clase social baja, pobre económicamente o con apuros económicos, que sin tener en cuenta sus circunstancias se endeuda para poder comprarle una moto al niño que no cesa de pedirla, o un teléfono móvil de última generación, igual que los que tienen las clases pudientes, o en regalarle un viaje a Eurodisney por su comunión que pagarán a veinte meses privándose de otras cosas que igual son más necesarias. Estas personas están construyendo un yo falseado, un yo que va en contra de sus propias circunstancias presentes, de manera que su identidad sufrirá graves problemas de aceptación consigo mismo porque no ha querido hacer eso que Ortega nos recomienda: salvar nuestro yo a la vez que salvamos nuestra circunstancia.

Si me apuran podríamos hablar del arte de pretender, de fingir, de lo que vulgarmente se viene llamando «el postureo». Esta circunstancia es la realidad que rodea al sujeto. Es el mundo vital en el que el sujeto se desenvuelve, el entorno en el que su vida se desarrolla, de modo que la circunstancia es algo así como todo aquello que no soy yo pero que me conforma, que me configura (lugar de nacimiento, familia, idioma, clase social, creencias...). Y el yo es inseparable de la circunstancia, por eso es tan importante hacer algo que muchas veces hemos visto decir a las personas que han logrado encontrar la felicidad: «no perder tus raíces». Saber de dónde procedes, de dónde vienes, cuáles son tus orígenes, es fundamental para configurar un yo de raíz, estable, profundo, y sobre todo, para conformar lo que a mí me gusta denominar un «yo sólido». El mundo en el que vivo no puede ser algo diferente o distinto a mí, no puede ser una realidad independiente de mí, porque si queremos entender mejor nuestro mundo, tenemos que verlo bajo el prisma de nuestra circunstancia más auténtica.

EL YO Y EL AVATAR

¿Qué nos está pasando con la circunstancia en pleno siglo XXI, donde la tecnología parece ocupar gran parte de nuestra cotidianidad? Entre otras cosas, lo que nos está sucediendo es que estamos empezando a darle más importancia a la circunstancia virtual que a la real. El tiempo que dedicamos a interactuar en Internet crece exponencialmente, y el Smartphone se ha convertido en nuestro compañero inseparable. Empezamos a ver y a entender la vida, en parte, a través de las pantallas. El periodo dedicado a las relaciones sociales a través de las pantallas se incrementa hasta el extremo de que, en muchas ocasiones, supera a la vida real. Este dato es muy significativo para entender la deriva que nuestro mundo está tomando.

Las circunstancias que rodean nuestra vida han cambiado radicalmente en los últimos veinte años con la llegada en tromba, no solo de la globalización, sino, y sobre todo, de la popularización de Internet. Sin darnos cuenta empezamos a sentir, a pensar y a ver el mundo desde la perspectiva de estas circunstancias virtuales que han logrado ponerse a la altura, intensidad y profundidad de cualquier circunstancia real, llegando en algunos casos a superarla, y eso sin contar los fenómenos crecientes como la realidad aumentada o la visión en 3D.

Estas circunstancias virtuales ganan terreno, y lo que es peor, condicionan nuestra vida real. Si tuviésemos que actualizar la famosa frase orteguiana, habría que pluralizar la palabra *circunstancia* y quedaría «yo soy yo y mis circunstancias», porque, de un tiempo acá, tenemos que contar con dos circunstancias completamente distintas: la circunstancia real y la circunstancia virtual. Las relaciones personales y las relaciones sociales tienen dos circunstancias diferentes: por una parte tenemos modelos de relaciones personales determinados por nuestras circunstancias físicas, pero, al mismo tiempo, existen las circunstancias virtuales que nos proponen otro modelo de relaciones sociales que no está condicionado por lo físico, sino más bien por lo virtual.

La vida se complica inevitablemente porque tenemos que acudir a dos circunstancias distintas: una la real, donde gran parte de las circunstancias están predefinidas, como el lugar donde naces, el barrio en el que te crías, los padres que tienes, los profesores que pasan por tu vida... La otra, la circunstancia virtual, tiene como característica que es elegida por ti, que tú eres quien decide entrar a formar parte de las redes sociales, de consumir la virtualidad del mundo de Internet, que seleccionas las aplicaciones y páginas web que quieres usar, que optas por tener Facebook, Instagram, LinkedIn, Twitter, Tinder, WhatsApp..., y escoges las personas que aceptas dentro de esas redes sociales virtuales.

Es decir, la circunstancia virtual es seleccionada, en gran medida, por ti, si bien la presión social para que formes parte de la misma es muy grande. Existen circunstancias externas que no dejan de empujarnos a que participemos del mundo de las circunstancias virtuales. Y claro, una vez dentro, si no tienes bien alerta el interruptor del pensamiento crítico, las consecuencias pueden ser devastadoras para la formación del yo. Es decir, el yo de la famosa frase orteguiana empezaría a ser menos real, influido por su circunstancia real, y pasaría a ser un yo más virtual.

Los problemas para lograr una personalidad sólida y equilibrada, unida a la formación de un pensamiento consistente, aparecen cuando empezamos a considerar que el avatar que hemos creado, esa personalidad virtual que estamos construyendo en las redes sociales virtuales, comienza a apoderarse de las emociones del yo real, el yo que tiene que levantarse y acostarse cada día e interactuar consigo mismo y con otras personas reales. Nosotros estamos posibilitando que el mundo virtual afecte cada vez más al mundo real.

En pleno siglo XXI somos testigos de la dificultad de construir esta identidad del yo, una dificultad como nunca ha existido y que se justifica, en parte, porque las circunstancias se han duplicado. La forja de la identidad del yo está pasando los momentos históricos más difíciles que haya vivido porque, por una parte, quiere experimentar una vida real, de carne y hueso, plena y satisfactoria. Pero por otra parte, sin apenas darse cuenta, las circunstancias virtuales están haciendo que este proceso de búsqueda de realidad esté orientado bajo el amparo de lo virtual y estamos sufriendo mucho en este proceso. Si me apuran, es un sufrimiento voluntario, desde el momento en el que dejamos que nos afecte de manera significativa la circunstancia virtual, en lugar de la real. Lo mismo nos sucede con los demás, como si no tuviésemos suficiente con tener que lidiar a diario con nuestras dos circunstancias, las reales y las virtuales, encima hay que aprender a convivir con las de los demás.

Al duplicar las circunstancias personales (la real y la virtual), estamos aumentando el campo de acción y de atención, tanto a nivel personal (ocuparse de mis dos sujetos, real y virtual), como a nivel social (ocuparnos de las personalidades reales y virtuales de los demás).

Cuando creamos nuestra circunstancia virtual, aceptamos las circunstancias virtuales de los demás, a las que también tenemos que dedicarle tiempo. Cuando ponemos en marcha nuestro yo virtual, a veces olvidamos hacerlo desde la circunstancia virtual. Es muy importante seguir una línea de pensamiento que asocie:

Yo real – circunstancia real
Yo virtual – circunstancia virtual

Los problemas aparecen cuando estos elementos se cruzan y el yo real se contempla desde las circunstancias virtuales o viceversa. Si atendemos a las circunstancias virtuales de los demás usando nuestro yo real, estaremos distorsionando la perspectiva y falsificando las circunstancias, por lo que terminará pasándonos factura. Por eso, cada vez que encendamos una pantalla para activar nuestro yo virtual no podemos olvidarnos de hacerlo desde nuestra circunstancia virtual.

PENSAR CON PERSPECTIVA

Es fundamental si queremos no sufrir tanto, o no entrar en cólera, tener en cuenta también que el otro (las otras personas) también tiene sus circunstancias. Que sus «yoes» están condicionados por ellas y tenemos que aprender a entenderlas. Para comprender mejor este tema, Ortega expuso «la doctrina del punto de vista». La desarrolló a modo de teoría sobre el conocimiento del mundo, pero nosotros la vamos a aplicar a nuestro día a día. Esta doctrina también se ha denominado «perspectivismo». Puede quedar bien resumida en el siguiente texto de Ortega:

> «Desde distintos puntos de vista, dos hombres miran el mismo paisaje. Sin embargo no ven lo mismo. La distinta situación hace que el paisaje se organice ante ambos de distinta manera. Lo que para uno ocupa el primer término y acusa con vigor todos sus detalles, para el otro se halla en el último, y queda oscuro y borroso. Además, como las cosas puestas unas detrás de otras se ocultan en todo o en parte, cada uno de ellos percibirá porciones del paisaje que al otro no llegan. ¿Tendría sentido que cada cual declarase falso el paisaje ajeno? Evidentemente no, tan real es el uno como el otro. Pero tampoco tendría sentido que, puestos de acuerdo, en vista de no coincidir sus paisajes, los juzgasen ilusorios (falsos). Esto supondría que hay un tercer paisaje auténtico, el cual no se halla sometido a las mismas condiciones que los otros dos. Ahora bien, ese paisaje arquetipo no existe ni puede existir... La perspectiva es uno de los componentes de la realidad».

Para Ortega, la suma de las perspectivas era mejor que tener solo la tuya, por eso es importante aprender a enriquecerse con las perspectivas de los demás. Y así lo aplicó en su propia vida cuando declaraba:

> «Yo tengo que ser, a la vez, profesor de universidad, literato, periodista, político, contertulio de café, torero, hombre de mundo, algo así como párroco y no sé cuántas cosas más».

El problema es que, por la deriva que está tomando esta sociedad, cada vez estamos más obsesionados con prestar atención solo a nuestra voz interna, a nuestro yo, a nosotros mismos. El hiperindividualista no está dispuesto a escuchar a los demás. Lo único que queremos es que nos escuchen e imponer nuestra perspectiva, pero no estamos por la labor de prestar atención a las otras perspectivas.

La realidad, como es obvio, posee múltiples perspectivas, y estas están determinadas por las circunstancias de cada sujeto. Si entendemos esto, podremos ser más comprensivos con los demás y con las cosas que pasan a nuestro alrededor y, de igual modo, sabremos que la realidad se enriquece mientras más puntos de vista tengamos sobre la misma. Por esto es deseable no anclarse siempre al mismo punto de vista, por esto es bueno cambiar la cadena de televisión o emisora de radio para poder tener diversidad. Por esto es bueno escuchar y analizar a diferentes partidos políticos para hacerse una idea de la multiplicidad de sus posturas y propuestas. Por eso es bueno acercarse a otras personas que no piensan como nosotros y saber de sus circunstancias... Si seguimos los consejos de Ortega, nos estaremos aproximando más a la realidad, enriqueciendo más nuestro mundo y ampliando el abanico de acción de nuestro pensamiento crítico.

Para Ortega la suma de puntos de vista, de perspectivas, nos proporcionaba una visión de la realidad más auténtica. Siendo así podríamos pensar que el hecho de haber duplicado las circunstancias (la real y la virtual) bien podría ser un elemento positivo de cara a buscar esa autenticidad. Y no le faltaría razón si fuésemos capaces de poner en su justo valor cada una de las mismas.

El problema está cuando no ponemos el foco donde debemos y, por lo tanto, miramos desenfocadamente la vida. Hay una película de Woody Allen, *Desmontando a Harry*, donde uno de sus protagonistas se desenfoca, pero no se da cuenta hasta que los que están a su alrededor se lo dicen. En nuestro mundo virtual, el inconveniente está en que nadie te dice que estás desenfocado, y ese desenfoque que comienza en el mundo virtual termina pasando factura en la vida real.

Estamos mirando al mundo desenfocadamente, este es uno de los problemas más acuciantes de este periodo que vivimos. Hasta no hace mucho poníamos el foco de nuestra vida en cosas cercanas, cosas nítidas; teníamos claro hacia dónde queríamos ir, hacia dónde dirigirnos. Focalizábamos nuestras energías y esfuerzos en objetivos claros, sencillos, transparentes. La vida, el proyecto de vida, siempre terminaba enfocándose más cerca o más lejos. Lo peor que podía pasar era tener que cambiar de foco, tener que fijar las miras en otra cosa porque la vida, las circunstancias, así te lo habían predispuesto, pero siempre, incluso si llegaban los momentos de crisis, siempre se podía enfocar hacia otro lugar de manera nítida, de manera diáfana.

En la actualidad este proceso se ha dificultado mucho. De repente no sabemos dónde enfocar para orientar la vida y no paramos de mirar a todos los sitios buscando referentes. Cada uno de estos referentes a los que enfocamos está disperso, difuso. Y cuando enfocamos no terminamos de ver claro lo que queremos, no podemos reconocer los contornos en los que nos movemos, los límites... De ahí la desorientación de la que somos testigos a diario con millones de personas que no saben cómo orientar su vida.

El caso es que la brújula no se ha roto, la brújula que nos sirve para guiarnos funciona perfectamente, sigue orientando al norte, nunca se ha movido. La dificultad está en que nosotros no sabemos si queremos ir al norte, porque no podemos enfocar con la claridad necesaria, y nos aterra lo que allí vamos a encontrar. No logramos enfocar debidamente hacia ninguna dirección nuestras vidas, enfocar una relación personal sana, enfocar un modelo de crianza sano, enfocar una relación laboral satisfactoria, una jubilación apacible... No lo vemos claro.

ARISTÓTELES. CÓMO CONTROLAR LA ANSIEDAD

Vivimos un momento paradójico y curioso, quizá el momento histórico más complicado para ser feliz, pero tenemos más herramientas que nunca para facilitarnos el acceso a esa felicidad. Con todas las necesidades vitales cubiertas podemos permitirnos pensar en el futuro, pero al hacerlo surgen los problemas. Cada vez tenemos más conocimientos sobre cómo funcionan las emociones en el ser humano, pero nos cuesta más trabajo librarnos de las que son más perjudiciales. Estamos rodeados de miles de instrumentos, de enseres, de aparatos que hacen nuestra vida más confortable, pero nos sentimos incómodos con nosotros mismos y con el mundo que nos rodea de manera casi constante. ¿Qué está pasando para que no terminemos de estar satisfechos cuando se nos ponen al alcance de la mano los mecanismos necesarios para que lo estuviésemos? Pues necesitaríamos una enciclopedia para este análisis, pero aquí intentaremos evidenciar algunos de los problemas que más nos acucian y veremos la respuesta que muchos pensadores han dado a estos problemas para ver si somos capaces de cambiar algo en nuestro modo de enfrentarnos a la vida

Existe un estudio muy interesante realizado por Benedikt y Osborne, de la Universidad de Oxford, que tiene de fondo intentar anticipar el devenir de los distintos trabajos en los próximos años. La idea era predecir, con los datos que tenemos sobre el progreso de la tecnología, cuántos de los actuales empleos pueden ser automatizados (susceptibles de automatizarse) y, por lo tanto, serán realizados por robots. Después de analizar más de 700 empleos, concluyeron que casi el 50% de ellos serán posiblemente robotizados. De modo que si queremos prepararnos para el futuro tenemos que pensar qué clase de trabajos no podrán ser sustituidos por una máquina. Y he aquí que nos encontramos con una rama del sector laboral que no solo no parece que vaya a ser sustituida por los robots sino que, además, será cada vez más demandada: la relacionada con la psique humana. Psicólogos, psiquiatras, psicopedagogos... están siendo cada más reclamados. Estamos entrando en un periodo de incertidumbre muy grande, la fragilidad mental y emocional empieza a apoderarse de nosotros. Estamos perdiendo el control psicológico y la diagnosis sobre «enfermedades mentales» es cada vez más común.

Al ser un proceso relacionado con la psique humana, las máquinas difícilmente podrán sustituir la comprensión de la complejidad del cerebro humano a la hora de ayudar a las personas que tienen problemas de tipo psicológico o psiquiátrico. Todos tenemos contradicciones internas con las que enfrentarnos a diario y no siempre somos capaces de salir airosos de las mismas. Podríamos discutir, al igual que Lou Marinoff, sobre la conveniencia o no de calificar a las personas que tienen algunos problemas de autocontrol como pacientes, o enfermos. Hay que tener en cuenta que la rama de la psicología/psiquiatría es relativamente reciente. Eso quiere decir que hasta hace muy poco no existían las «enfermedades mentales» diagnosticadas. Lo que era habitual antes de que la diagnosis psicológica llegase era que las personas manifestasen los mismos problemas para desarrollar su día a día, dependiendo de la vida de cada uno. Las enfermedades mentales pueden convertirse en algo normal (y no tanto la manifestación de una enfermedad), si las circunstancias sociales así lo determinan. Para algunos terapeutas no todas las diagnosis psicológicas son enfermedades. No podemos olvidar que lo que hoy ha llegado a ser considerado una enfermedad mental no es otra cosa que una convención, por parte de una serie de médicos que han concluido la conveniencia de que unos determinados síntomas, y las consecuencias de los mismos, sean tenidos en cuenta como enfermedad.

Para algunos filósofos estas enfermedades mentales no deberían considerarse como tales, porque antes de la creación de las diagnosis, dependiendo del contexto social, se consideraba absolutamente normal lo que ahora tiene una diagnosis y tratamiento específico. Marinoff lo ejemplifica cuando nos habla del trastorno de estrés postraumático. ¿Qué significa que padece un trastorno de estrés postraumático? No es otra cosa que decir que el pasado te sigue afectando en el presente en un determinado contexto. Si, por ejemplo, hace tiempo mientras paseabas por la calle, te mordió un perro y entraste en pánico, a partir de ese momento puedes haber desarrollado una fobia hacia los perros que hace que cuando veas uno cambies de acera. Es decir, tener un perro cerca te provoca un malestar, una incomodidad que hace que no te encuentres a gusto, algo totalmente normal para los que saben que no han sido capaces de superar ese miedo a los perros. Pero lo que era algo normal se ha convertido en una enfermedad, y este paso, para ciertos analistas, no siempre está justificado. Que se sienta mal es normal, pero que eso tenga que ser una enfermedad mental es otra cosa. De modo que tenemos que intentar ser cuidadosos cuando hablamos de «enfermedades mentales» y saber bien distinguir entre un periodo de tristeza porque nuestra pareja nos ha dejado y una depresión.

De entre las muchas enfermedades mentales que sufrimos en el siglo XXI la ansiedad parece que se lleva el gato el agua. La ansiedad es una enfermedad mental que afecta primordialmente al primer mundo, o más bien, al mundo occidental desarrollado. Así es como se presenta y así es como la asimilamos. Un día, sin saber muy bien por qué, te relajas y tu cuerpo, justo en el momento en el que menos estrés tiene, decide rebelarse contra tu mente. Tu mente busca tranquilidad y sosiego después de un tiempo de hiperactividad casi angustiosa y está lista para desconectar, para disfrutar de unas merecidas vacaciones mentales. Pero tu cuerpo parece que no obedece órdenes y empieza a punzarte el pecho poco a poco, un pellizco interior que va aumentando progresivamente y que pasa de ser incómodo a ser molesto y, en su fase más potente, es doloroso. Tus pulmones no logran llenarse de aire como te gustaría y empiezas a angustiarte, quieres tomar todo el aire del mundo por la nariz para inflar al máximo tus pulmones, pero cuando lo haces, el dolor impide que los llenes, apenas logras cargar un poco de ellos y comienzas a notar que te falta aire, que no puedes respirar, que te punza el pecho... Estás teniendo un ataque de ansiedad. En mi caso, a corto plazo, se solucionó con relajantes musculares en vena y un tratamiento breve de ansiolíticos durante diez días. A largo plazo la solución del problema no ha sido tan fácil; ha requerido el uso constante del pensamiento crítico que me ayudase al análisis de las causas y propusiera soluciones realistas adaptadas a mis circunstancias. Apenas tenía 31 años cuando me sucedió, desde entonces nunca más he vuelto a tener otro ataque de ansiedad.

Muchos factores son desencadenantes de esta ansiedad, pero uno de los más destacados es nuestra autoexigencia por el perfeccionismo, una especie de «perfeccionitis» que nos contamina sin apenas darnos cuenta. Byung-chal, un filósofo alemán que se ha convertido en *best seller* contra todo pronóstico (sobre todo teniendo en cuenta que se trata de un ensayo), lo ha recogido de manera ejemplar en un pequeño librito de apenas sesenta páginas que lo tituló *La sociedad del cansancio*. Pero en nuestro caso, el problema de la exigencia suele introducirse de manera inconsciente e involuntaria y por eso es tan difícil de extirpar. Nos exigimos demasiado, queremos ser personas lo más perfectas posible y queremos que los demás así lo reconozcan. Queremos dar lo mejor de nosotros en todas las facetas de la vida, luchar, trabajar, estar motivados, entregarnos a nuestro deber e ir más allá. La pregunta es: ¿de dónde nos viene esta ansiedad por dar lo máximo de nosotros en todos los ámbitos, por querer alcanzar una pretendida perfección? Es normal querer mejorar como persona, no hay nada negativo en desear progresar, en ser personas activas que buscan avanzar día a día. No hay nada malo si el objetivo es evolucionar en lo que los filósofos griegos llamaban «la virtud». Ser una persona virtuosa, en los tiempos actuales, se relaciona con tener unas capacidades especiales que te diferencian de los demás y que suelen estar asociadas con los instrumentos musicales (ser un virtuoso del violín o ser un virtuoso del balón), pero la virtud, en su origen filosófico, no estaba relacionada con tener unas capacidades innatas especiales, sino más bien con un entrenamiento personal enfocado a desarrollar la propia personalidad.

Para Aristóteles, al igual que para muchos pensadores de la Grecia clásica, la virtud es un hábito que se adquiere por medio de la práctica y por lo tanto todo el mundo podría acceder a la misma. Lo contrario a la virtud es el vicio. La virtud es la adquisición de hábitos buenos y el vicio será la adquisición de malos hábitos. Si hacemos caso al gran Aristóteles, la virtud estaba asociada al conocimiento no solo de uno mismo, sino también de las circunstancias que le rodean, de manera que pudiéramos saber cómo realizar la toma de decisiones en función de factores externos e internos. Y aunque es un poco reduccionista, la doctrina de la virtud aristotélica se suele resumir con la famosa frase de que la virtud se encuentra en el término medio, en el justo medio.

¿Qué quería decir este sabio filósofo, que, entre otras muchas cosas admirables, fue el tutor particular del gran Alejandro Magno? En el fondo es aplicar el sentido común teniendo como eje a uno mismo y evitando usar como referencia la opinión y valoración de los demás. A la hora de acometer una acción, o de ponernos un objetivo, es importante que pensemos con claridad las circunstancias que toman partido en ambos. Alcanzar la virtud es un proceso lento pero seguro si se lleva con la convicción necesaria y la serenidad requerida. Lo que tenía claro Aristóteles, al igual que todos nosotros, es que los extremos son la antítesis de la virtud; es decir, el término medio es el ideal para guiarnos en nuestra vida, porque en los extremos está el exceso o el defecto. Por poner un ejemplo, en las relaciones de pareja lo esperado es mantener un justo equilibrio entre el amor y la pasión que se tiene hacia el otro y hacia sí mismo. Lo que sería poco inteligente y poco virtuoso es irse a cualquiera de estos dos extremos, es decir, entregarse en cuerpo y alma a la otra persona y tener como único objetivo hacerla feliz a toda costa, esto sería un exceso. O bien centrarse en uno mismo dejando a la pareja a un lado y exigiéndole constante atención sobre ti, esto sería egoísmo y por tanto defecto.

El hecho de ser virtuoso está directamente asociado con nuestra responsabilidad. Cuando una persona intenta mejorar para sí misma, aumenta su autoestima y por lo tanto se esfuerza en vencer sus vicios y progresar, entonces está en el buen camino de una vida virtuosa. Cuando, por el contrario, se deja vencer por los vicios y acepta la derrota sin mostrar espíritu de lucha, entonces se aleja de la virtud. Pero lo importante en el tema de la virtud es que depende exclusivamente de nosotros mismos, es un ejercicio voluntario que nada tiene que ver con la percepción del otro. Muchas veces caemos en el error de considerar que es necesario el reconocimiento de la sociedad para que nos califiquen de virtuosos.

Este error a la hora de valorar la virtud es el que, entre otras cosas, ha inducido a que confundamos la virtud con el virtuosismo. Esta necesidad de que los otros sean los que te impongan la etiqueta de «persona virtuosa» es la que provoca que en muchas ocasiones nos agotemos al tratar de alcanzar los estándares de éxito que la sociedad ha puesto. Es entonces cuando entramos en esa hiperexigencia de ser los mejores en todo: mejores trabajadores, mejores padres, tener mejores cuerpos físicamente, ser mejores parejas o amantes... Esta presión termina pasando factura y activando el mecanismo de la ansiedad. Tenemos que aprender a encontrar nuestro término medio en cada faceta de nuestra vida, como trabajadores, como padres, como madres, como esposos, esposas, como pareja, como hijos, como deportistas, como amigos... de cara a lograr el equilibrio; de lo contrario, los ansiolíticos pasarán a formar parte de nuestro menú diario.

VIVIR PARA EL ÉXITO

Parte de la responsabilidad de esta ansiedad que terminamos sufriendo en carnes propias viene determinada por el concepto de éxito que tenemos. Un concepto de éxito casi exclusivamente ligado al reconocimiento popular y al mundo laboral. El problema también aparece cuando vivimos para el éxito. No es de extrañar que los trastornos mentales, las depresiones, la ansiedad y la tristeza, en último término, hagan acto de presencia lo largo de nuestras vidas.

¿Qué significa llevar, tener o vivir una vida de éxito? Es algo más simple de lo que parece. Llevar una vida exitosa pasa por dos factores importantes, el primero, como analizaremos en el apartado dedicado a Epicteto, es aceptar los designios del destino, es decir, saber que lo que sucede en tu vida no depende exclusivamente de ti, que hay miles de factores incontrolables e imponderables que se escapan a los propósitos de uno, a los cálculos que uno hace, a los proyectos que se propone. Aceptar de manera emocional y racional estos incontrolables es de vital importancia para poder tener una vida de éxito.

Pongamos un ejemplo: yo puedo estar convencido de que llevar una vida exitosa para mí es encontrar a la mujer de mis sueños y envejecer juntos, ser capaz de entender a otra persona e intentar que nuestra relación funcione. Pero esto implica la voluntad de otra persona ajena a mí, una voluntad difícilmente controlable y, por lo tanto, es un elemento ajeno a mi modelo de éxito. De modo que tengo que ser consciente de que puede que no logre desarrollarlo si lo deposito en terceros elementos de los que puedo tener escaso o nulo control.

En segundo lugar, y quizá sea el factor más difícil de poner en práctica, es el de ser los partícipes de nuestra idea de éxito. Tenemos la obligación de sentir que somos los que hemos elegido el modelo de vida exitosa por nosotros mismos, de manera reflexiva y no imitativa, que hemos sido capaces de analizarnos, saber de nuestras carencias, nuestras querencias, nuestras virtudes, nuestros defectos, conocernos lo mejor posible y construir nuestra vida, independientemente de la concordancia o aceptación social que este tenga con el resto de la población.

Somos tremendamente sugestionables, vivimos en una sociedad donde todo sucede cada vez más rápido. Se acumulan y amontonan miles de estímulos maravillosos a los que nos gustaría acudir de manera inmediata. La urgencia se adueña de todo y no deja espacio para la reflexión. Somos muy fáciles de hechizar entre otros factores porque la sociedad hace que te acostumbres a un ritmo de actividad frenético, facilitando así la labor seductora que el sistema logra implantar sobre los prototipos de éxito que le interesan.

Es un error querer lo mismo que otros simplemente porque la envidia irreflexiva se ha apoderado de nosotros. Debemos asegurarnos de que las ambiciones que tenemos son realmente nuestras y no prestadas o copiadas, y no dejarnos guiar por otra cosa que no sea nuestro particular análisis de vida. De lo contrario, puede sucedernos lo que a mucha gente le ocurre después de perseguir o de imitar el modelo de éxito de terceros, sin haberlo sometido a la conveniencia de uno mismo, y es que, tras esforzarnos y realizar el camino para alcanzar esos estándares de éxito, descubramos que, una vez logrado, no nos sintamos felices ni satisfechos con nuestros logros.

EL RECONOCIMIENTO SOCIAL

El problema no reside en querer mejorar cada faceta de la vida en la que uno se encuentra, sino en el motivo por el que cada uno lo hace. Un motivo que nunca suele analizarse. Si se hace de manera consciente y autónoma sin esperar valoración externa, simplemente para sentirse mejor con uno mismo, con su progreso como persona, entonces estaríamos en el camino de la virtud. El inconveniente surge cuando lo que buscamos es la valoración del otro para evaluar nuestra virtud. En ese momento nos encontramos con una vida mal orientada, mal enfocada, porque ponemos la valoración de nuestros actos, de nuestra virtud, en manos de terceras personas y se convierte en un ejercicio de aceptación social frente a un ejercicio de aprendizaje y mejora.

Piensen por un momento qué es lo nos sucede cuando nos quedamos esperando el reconocimiento del otro; en el fondo lo que estamos haciendo es otorgar poder a las opiniones, puntos de vista e ideas que tengan sobre nosotros, sobre lo que hacemos, sobre lo que somos. Y destaco de nuevo esta frase por si han leído demasiado rápido: les otorgamos poder. Cuando esperamos el reconocimiento de los demás les estamos concediendo un poder sobre nosotros que, de otra manera, no tendrían. Y pensándolo fríamente, ¿quién en su sano juicio y de manera consciente querría concederle poder a otra persona sobre uno mismo?

Sin darnos cuenta, dejamos que las opiniones de los demás nos afecten porque les damos importancia. Y qué decir de las redes sociales virtuales (Facebook, Twitter, Instagram...) donde muchos de los seguidores que vierten sus opiniones son meros conocidos digitales. Sienta muy bien que nos confieran reconocimiento, que los demás nos digan que estamos haciendo bien las cosas, que somos buenas personas, que vamos por el buen camino..., pero si cuando las cosas se pintan bonitas nos las creemos, si nos provoca mucha ilusión el hecho de que digan, escriban y piensen cosas buenas sobre nosotros, entonces les estamos otorgando mucho poder a esas opiniones.

Las personas fuertes y equilibradas son aquellas que saben que el reconocimiento de los demás está bien, pero no se ilusionan con esta clase de adulaciones, no les dan más valor que el de un acto simbólico. Porque si así lo hicieran, estarían cediendo poder sobre sí mismas a muchas personas. ¿Y qué sucedería cuando los juicios positivos y estimulantes se tornaran negativos y dañinos? Pues que nos hundirían, pero lo harían porque nosotros lo hemos permitido. Al creernos los comentarios buenos y positivos sobre nosotros, al dejar que nuestra personalidad se fuera identificando con las opiniones, comentarios y demás piropos, nos hemos quedado expuestos a la visión de nosotros mismos que los demás tengan, nos vendemos al criterio ajeno.

El halago siempre sienta bien, pero no puede afectarnos en nuestra percepción sobre nosotros mismos. Porque si nos afecta, entonces igualmente lo hará la descalificación, el menosprecio o incluso el simple hecho de que nos ignoren.

La principal necesidad de reconocimiento tiene que venir de nosotros, saber que haces las cosas lo mejor que puedes, que tratas de mejorar como persona cada momento que pasa, que ejerces el pensamiento crítico sobre tu persona. Saber cuáles son tus defectos y tus virtudes es algo necesario para no necesitar más reconocimiento del que te concedes.

Pero como somos humanos es muy difícil no otorgar lo que en castellano llamamos «predicamento» a nuestros seres queridos. Si tuviésemos que atender a algún tipo de opinión o juicio de valor sobre nosotros, este debería llegar solo de parte de las personas que forman nuestro círculo de confianza. El aprecio, el afecto e incluso la admiración de la gente a la se que ama harán casi inevitable que busquemos su aprobación y reconocimiento. Si hemos logrado tener una relación sana y satisfactoria con estas personas de nuestro entorno, si hay suficiente confianza, debemos prestar atención a sus percepciones sobre nosotros porque no serán malintencionadas o dañinas, sino más bien críticas y constructivas. Serán perspectivas complementarias sobre nosotros que nos brindarán otro punto de vista sobre lo que somos. No debería dolernos si la intencionalidad de estas críticas por parte de nuestro círculo próximo es la de intentar que cambiemos para mejor, o simplemente la de exponer cómo nos ven desde la perspectiva de personas que también nos aprecian. Es importante que tengamos en cuenta, al menos como objeto de reflexión, la posibilidad de que estas perspectivas nos sean útiles para ir sumando en el importante proceso de autoconocimiento.

DIÓGENES DE SINOPE. PENSAR Y VIVIR EN LA COHERENCIA

De entre los muchos filósofos que podríamos traer a colación sobre la importancia de tener en cuenta el reconocimiento social, y ver cómo esto puede afectar a la vida de una persona, hablaremos de uno que es singular y diferente: Diógenes de Sinope (400-323 a. C). Diógenes era hijo de un banquero, Hicesio, del que se cuenta que aprovechando su ventajosa posición, queriendo sacar beneficios económicos, falsificó la moneda y tuvo que huir de Sinope con su hijo, que al parecer también le ayudó en este proceso de falsificación. Diógenes se exilió y terminó en Atenas, siendo discípulo de Antístenes, y comenzó a llevar una vida frugal y sencilla, llegando a adquirir el sobrenombre de Diógenes el Perro, el can, por motivos que expondremos a continuación. Era un personaje muy curioso porque pasó de vivir rodeado de lujo en su Sinope natal a ser discípulo desterrado sin mucho sustento económico, alcanzando una especie de ascetismo material en el que apenas necesitaba nada para poder vivir.

Otro Diógenes, Laercio, escritor que recopila muchas de las fuentes historiográficas de la Antigüedad sobre los filósofos de aquella época en un libro que tituló *Vida y opiniones de los filósofos ilustres*, nos lo presenta como una persona que poco a poco, observando la vida de los demás y las cosas que pasan a su alrededor, va desarrollando un modelo de vida y de pensamiento que se fusionan, de tal manera que convierte la falta de necesidades en una virtud, y su fama llega a ser admirada en toda Grecia. Incluso cuando Alejandro el Grande acude a conocerlo, porque su fama había ido más allá de los muros de Atenas, y le dice que le concedería lo que este le pidiese, Diógenes le demanda que se aparte porque le estaba tapando el sol. Esta es la actitud de un cínico que es capaz de demostrar al hombre más poderoso del mundo que él no tiene nada de valor que pueda interesarle y que lo único que valora, el sol, no está al alcance de Alejandro Magno.

Cuentan que, observando cómo un ratón iba y venía por doquier, y sin preocuparse de nada, cayó en la cuenta de que ese tenía que ser uno de sus objetivos vitales. Usaba su propia ropa para arrugarla y convertirla en almohada cuando tenía que dormir, y para hacerlo, cualquier lugar podría ser bueno. De hecho solía decir que el Pórtico de Zeus había sido decorado y adornado para que él pudiese vivir allí. Cada vez necesitaba menos cosas materiales, era una especie de vagabundo ateniense con poco equipaje, apenas un lebrillo y un bastón, este último necesario para alejar a los indeseables.

De entre las muchas anécdotas que nos han llegado, el hecho de que viviera en una tinaja vacía es la que más ha pasado a la posteridad. Y esta anécdota de la tinaja en la que vivía, parece que se corrobora con otra en la que, tras haberse ganado el respeto intelectual de parte de sus semejantes, un joven le rompió la tinaja donde solía descansar y los ciudadanos apalearon al joven y le dieron otra tinaja a Diógenes para que pudiera seguir viviendo allí.

Se caracterizó por tener lo que llamamos «una lengua bífida» y no callarse nada. Denostaba a todo el mundo, a la escuela de Euclides, a las enseñanzas platónicas, a las fiestas dionisíacas... Así se burlaba del academicismo de muchos de ellos. Platón dio la definición del hombre como «animal bípedo implume», y Diógenes aprovechó para quitarle las plumas a un gallo y echarlo a la escuela de Platón diciendo: «Platón, ahí va un hombre».

Fue hecho esclavo, pero su altanería y desprecio por las preocupaciones de los hombres que consideraba viles e inferiores le llevaron a decir al pregonero que subastaba a los esclavos que anunciase en voz alta a los posibles compradores de esclavos si alguno de ellos quería comprar un amo, refiriéndose a él mismo. Ponía en duda las teorías de las grandes escuelas de pensamiento del momento y tuvo algún que otro roce intelectual con el gran Platón.

Se reía de lo absurdo del género humano y aunque el siguiente ejemplo no está contrastado que le perteneciese, sin embargo comparte su filosofía de vida: se puede alegar que la mayoría de los humanos están locos por un dedo de margen. Si uno se pasea por la calle extendiendo el dedo del medio (dedo corazón, pasearse haciendo la peineta a todo el mundo), pensarán de él que está loco, pero si se pasea extendiendo el dedo índice, pensarán todo lo contrario.

En lo que casi todos coinciden es en *la increíble capacidad que tenía para no necesitar casi nada, para obviar los bienes materiales*. Era invitado a fiestas con grandes manjares, pero Diógenes presumía de no necesitar nada, burlándose de todos aquellos que sí lo hacían. Le gustaba verse a sí mismo como un perro, y añadía que era como un perro al que todo el mundo alaba, pero nadie quiere estar a su lado y llevárselo a cazar. Su objetivo era llevar la vida lo más sencilla posible. Se cuenta que una vez observó a un niño beber de una fuente usando sus propias manos como cuenco. Viendo esto, abrió su lebrillo, sacó el tazón donde bebía y lo tiró, alegando que un niño le había ganado en sencillez.

En resumidas cuentas, podemos decir que Diógenes fue alguien que logró aunar pensamiento y vida de manera ejemplar. Vivía conforme a los resultados y conclusiones de su filosofía, es decir, logró algo tremendamente difícil para cualquier persona: ser coherente. Tenía un pensamiento crítico muy bien armado (y sobre todo afilado) y logró poner en práctica su filosofía de vida, convirtiéndose en un referente de pensamiento y en un modelo de vida admirable para muchos conciudadanos. Esta admiración proviene no solo de activar ese interruptor, sino, además, de tener la suficiente determinación para poner en práctica las conclusiones de dicho pensamiento, evitando mostrar contradicciones entre el dicho y el hecho, impidiendo que su pensamiento se desvíe de su modelo de vida. Cuando sabemos de la dificultad de hacer algo así y nos encontramos a personajes como Diógenes, no nos queda otro remedio que rendirle un merecido reconocimiento.

CÍNICOS: PENSAMIENTO CRÍTICO PARA LAS CONVENCIONES SOCIALES

No estaría de más tener el don de la observación de este pensador tan singular, sobre todo para darnos cuenta de que, como él mismo defendía, las cosas importantes de la vida valen (referido al valor material/monetario) muy poco, y viceversa, las que suelen costar mucho no siempre son tan importantes.

Existe una lección para los tiempos de sobreabundancia actuales y que no estaría de más que pusiéramos en práctica: alcanzar una austera independencia, tanto del plano material como del social. No necesitar ni depender de nada ni de nadie, sobre todo de los reconocimientos sociales, facilita mucho el camino a la autosuficiencia.

El objetivo de fondo, si queremos aprender algo práctico de este hombre único, es llevar una vida lo más sencilla posible. La anécdota del niño que bebe en la fuente con sus manos es representativa de lo que estamos hablando. Si bien no vamos a arrojar al suelo muchas de las posesiones materiales que tenemos, no estaría de más que fuésemos capaces de darnos cuenta de la importancia relativa que estas deberían tener en nuestras vidas.

Cuentan que una vez le pidió a Platón que le mandase vino y unos higos, y este se excedió y le dispuso un cuenco entero. Ante esto le dijo a Platón: «Si te preguntan cuánto son 2 y 2, ¿les dirás que 20? Así ni respondes a lo que se te pregunta ni das lo que te piden, por exceso".

Otra de las enseñanzas que mejor podemos extraer para nuestra vida es la necesidad de centrar tu existencia en cosas reales e importantes que no te hagan perder el tiempo más de lo necesario. Él se reía de las personas que dedicaban parte de sus días a discutir sobre asuntos irrelevantes, y así, a los que defendían que el movimiento no existe les mostraba cómo se caminaba. Y cuando encontraba a otros que hablaban de los astros les preguntaba: «¿Cuándo habéis bajado de los cielos?». Son mensajes cargados de cinismo e ironía (como no podía ser de otra manera tratándose del padre de los cínicos), para decirnos que, a veces, dedicamos tiempo y esfuerzo a cosas que realmente no son sustanciales.

Reprochaba a las personas que se preocupasen por sus sueños y se despreocupasen por lo que les sucedía despiertos. O que cuando estuviesen conscientes, se entretuviesen con las cosas que soñaban. Estamos cometiendo un error parecido desde el momento en el que empezamos a decirle a la gente que sueñe en grande, que se ilusione por un proyecto y lo fije como meta, en lugar de animarlos a que se preocupen por su realidad más inmediata. Estamos viviendo en la era del imperio de las emociones, y soñar provoca ilusiones que nos hacen sentir bien, de modo que no cesan de salir videos motivacionales y entrenadores emocionales (llamados *coaches*), que buscan potenciar las emociones relacionadas con los sueños, en vez de estar educándonos en y desde la realidad.

Sobre Diógenes, en lugar de tratados y ensayos filosóficos, nos han quedado historias sobre su vida, sus dichos, sus frases y la actitud que tomaba ante los acontecimientos. Pero cada una de estas anécdotas encierra pequeños consejos de comportamiento que, como estamos viendo, pueden sernos de gran utilidad para estos días. No hace falta ser un filósofo sesudo que escriba tratados y libros infumables para aprender a pensar bien. Basta con tener encendido ese interruptor del pensamiento crítico para enfrentarnos a las cosas del día a día, a los acontecimientos y anécdotas que rodean nuestra cotidianidad.

Una de las anécdotas más afamadas es la que hace referencia a la masturbación. En cierta ocasión se comenta que se masturbó en público y fue duramente recriminado. Se le acusó de actuar como un perro, y no era la primera vez que recibía esta imputación. Cuentan que en un banquete le arrojaron los huesos de comida al suelo para que él se los comiera, pero lo que hizo fue olerlos y orinarse encima, tal y como un perro habría hecho. Con respecto a la masturbación, Diógenes argumentó que ojalá existiese un mecanismo igual al de la masturbación de manera que, al frotarse la barriga, desapareciera el hambre. ¿Qué quiere decir Diógenes con esta comparación? Pues algo que solemos pasar por alto, y es la naturalidad con la que deberíamos afrontar las cuestiones sexuales en nuestra vida. Las convenciones sociales no eran bien aceptadas por Diógenes, del mismo modo que por otras escuelas de pensamiento del momento, porque daban por buenas las costumbres, y no se preocupaban por la verdad de las mismas.

La manera con la que una sociedad decide afrontar el tema del sexo define mucho los tabúes de la colectividad. El sexo, como Diógenes trataba de decirnos, es algo totalmente natural, es una necesidad fisiológica, como la comida. Si todo el mundo pudiese quitarse el hambre frotándose la barriga, ¿acaso no lo haríamos en público? Pues si sabemos cómo aplacar un apetito sexual sin necesidad de nadie, ¿por qué esconderlo de la vida pública? No deja de ser un gran consejo el de tomarse los temas relacionados con la sexualidad con la mayor naturalidad posible, a este respecto todavía tenemos mucho que aprender. Hablar abiertamente de penes, vaginas, pechos, flujos, periodos, orgasmos, punto G... es todavía difícil, sobre todo si nos referimos a la educación sexual. No sería mala idea revisar nuestra actitud y comportamiento sobre el tema.

Pero lo que es quizá más significativo de este personaje es la poca necesidad de reconocimiento social que tiene. De hecho cuentan que se paseaba durante el día por las calles de Atenas con un candelabro gritando «busco un hombre». Pero Diógenes fue siempre honesto y vivió tal y como predicaba, sin necesitar la aprobación ni buscar el reconocimiento de sus semejantes. Lo curioso del caso, y esta es una de las lecciones principales para aplicarnos, es que, a pesar de esto, como hemos visto, obtuvo el reconocimiento de sus conciudadanos y pasó incluso a los libros de historia. Es decir, el reconocimiento no debe ser el fin en ninguno de los procesos vitales que se emprenden. Entre otras cosas porque el reconocimiento no depende de uno mismo, uno nunca puede controlar lo que otros consideran importante o no para ser reconocido. Si buscamos la fama, la popularidad, la notoriedad, estamos errando en el camino porque no podemos controlar lo que otros deciden o no admirar. Ser honesto con uno mismo, tener confianza en lo que uno sabe hacer, perseverar y poseer determinación es el mejor método para ser aceptado. Si el reconocimiento llega después, entonces hay que saber tratarlo con la misma naturalidad e importancia que si se carece del mismo.

Tampoco quiero pasar por alto otro de los detalles más interesantes de todo este proceso: Diógenes puso en entredicho las convenciones sociales y los aspectos culturales de su época, y si bien recibió algún puñetazo, tirón de pelos, escupitajo y desprecio por parte de algunos atenienses, sin embargo, hasta el mismo Alejandro Magno mostró admiración por él, llegando a decir que si él no fuese Alejandro Magno le gustaría haber sido Diógenes. Es decir, en lugar de generar rechazo y antipatía, logró respeto, gracias a que ejerció una crítica constructiva con la sociedad del momento y además fue coherente siempre con lo que defendió. No se dedicó a despotricar sin más sobre todos y sobre todo, cosa muy común hoy en día, sino que siempre argumentó y demostró que otra manera de enfocar la vida era posible.

ANTIPATÍA

Muchos pueden ser los motivos por los que una persona necesite el reconocimiento de otros para sentirse bien o segura con ella misma y con lo que hace. Intentaremos aclarar algunos de estos para ver si, una vez analizados, nos sentimos identificados con alguno. Ser aceptado es una cosa y ser reconocido, otra distinta. No conviene mezclarlas. Sentirse aceptado es casi una necesidad humana, saber que formas parte de un grupo, de una comunidad, de una sociedad, de un planeta...

Cuando Aristóteles intenta definir al hombre, se

refiere a él como un «animal político», necesitado de la sociedad. Es como si estuviese incrustado en nuestro ADN. Somos una de las criaturas más indefensas del planeta al nacer. Precisamos de un proceso larguísimo de maduración y de crianza, más que muchas especies animales, es decir, necesitamos del otro para poder desarrollarnos y crecer. Si biológicamente requerimos al otro para realizarnos, socialmente el procedimiento es el mismo. El otro, el semejante, nos enseña a formar parte del grupo. Como Aristóteles ya apuntó, primero la familia, luego la tribu, después las ciudades..., pero siempre agrupaciones. Luego, si tanto biológicamente como culturalmente necesitamos del otro, es natural que también sea casi una obligación sentirse aceptado en los distintos grupos por los que vamos pasando a lo largo de la vida.

Obtener el reconocimiento del otro es más complicado. Si bien te pueden aceptar, porque formes parte del grupo, que te aprecien y te estimen, es decir, que te valoren positivamente, esa es harina de otro costal. Partiendo de que somos aceptados en los distintos grupos sociales (con distinta aceptación dependiendo de la cercanía del grupo), el reconocimiento suele ser «necesario» para la gran mayoría de nosotros. Si bien lo ideal es no necesitarlo, o al menos no tener que estar dependiendo de él para orientar nuestra vida, sí es cierto que precisamos que nuestros seres más queridos, cercanos y admirados muestren algún reconocimiento hacia nosotros. Y este reconocimiento es importante siempre que sea honesto, siempre que hayamos logrado que los canales de confianza en nuestras relaciones sean lo suficientemente claros y transparentes como para que la opinión de estos sea valiosa.

En principio necesitamos el reconocimiento para ir reforzando nuestra personalidad a medida que crecemos y evolucionamos. En cualquier proceso educativo es importante tener guías y orientadores capaces de poseer la franqueza necesaria para decirnos lo que hacemos bien y lo que podemos mejorar. Cuando estamos en un proceso de crecimiento y maduración es vital que en determinados momentos, en determinadas cuestiones, sintamos que hay una valoración positiva sobre nosotros. No hay nada más dañino para la educación de una persona equilibrada y la formación de su felicidad que tener baja autoestima. El problema de la autoestima viene a veces determinado porque en los periodos de formación de la personalidad no siempre recibimos el refuerzo del reconocimiento por parte de las personas que consideramos importantes en nuestros círculos vitales más cercanos. De este modo, a medida que tomamos decisiones, mientras estamos en los procesos clave de la formación de un sujeto, tener la certeza de que el reconocimiento del otro es franco, honesto y positivo es vital para lograr la forja de una personalidad serena.

Pero, aparte de la autoestima, la aceptación social, unida al reconocimiento, es importante para evitar lo que podríamos denominar «la antipatía». *Antipatía* proviene del latín *antipathía* que a su vez proviene del griego *antipátheia*. *Anti*, que viene a significar «contra o negación», y *pathos*, que es «emoción, sentimiento», de modo que el significado semántico más normal es el de «oposición de sentimientos», que en nuestro contexto quiere decir, según la RAE: «sentimiento de aversión que, en mayor o menor grado, se experimenta hacia alguna persona».

Es una especie de impopularidad, de cara a los semejantes. La aceptación no implica necesariamente el juicio moral sobre la persona (aceptas la familia que te ha tocado), pero el reconocimiento suele tener un valor superior porque significa que somos aceptados y también valorados de manera positiva.

Para ser reconocidos lo único que necesitamos es adaptarnos a las convenciones sociales del grupo, seguir los hábitos y costumbres de la cultura o, al menos, no mostrarnos en contra de los mismos. Para nuestros antepasados las costumbres eran más férreas, más rígidas, estaban marcadas de manera muy evidente por las circunstancias sociales e históricas, la clase social, la educación recibida, el lugar de nacimiento... Los límites estaban muy marcados, de modo que para no alcanzar el grado de antipatía había que actuar dentro de estos límites. Si, por una parte, todo estaba nítido y se podían predecir las consecuencias de traspasar estos límites de manera muy sencilla y evidente, por otra parte, estos mismos límites tan rígidos provocaban grandes insatisfacciones a la hora de buscar la felicidad.

Por suerte para nosotros estos límites se han flexibilizado, e incluso en algunos casos se han roto. Sin embargo, otros límites se han personalizado. Con el imperio del individualismo los límites empiezan a dejar de ser una convención social, un imperativo impuesto desde el exterior, para presentarse como un diseño del propio sujeto. Los límites, en la era de la hipermodernidad, son hiperindividualistas. Si bien, otrora, era más fácil conocerlos, y por lo tanto, la aceptación y el amparo social estaban más al alcance de cualquiera, ahora, en plena globalización, cuando comienzan a diversificarse, es mucho más complicado encontrar el reconocimiento del otro. Más que nada porque, cuando es el individuo el que marca sus propios límites, surgen tantos límites como individuos, y las convenciones sociales se han estirado tanto, se han agrandado tanto, que dentro de ellas empiezan a tenerse en cuenta a casi todos los modelos de persona.

Existen unos cuantos lugares comunes, apenas unas bases, desde las que todos operamos en sociedad, pero por lo demás, es complicado alcanzar el reconocimiento del resto cuando cada uno tiene su propia perspectiva del proceso. Ser reconocido por la estética, por poner un ejemplo, es casi imposible teniendo en cuenta la flexibilización de los modelos estéticos a la hora de vestir. Es muy difícil ser impopular por tu manera de vestir, al igual que lo es ser impopular por tu estilo. En las grandes ciudades se puede observar un sinfín de estilos estéticos que pasan desapercibidos. Pero precisamente es igual de complicado ser popular por tu buen vestir. Cada vez es más difícil obtener el reconocimiento de tus semejantes a la hora de evaluarte como persona. Lo que para unos es admirable, para otros es censurable; lo que para unos es un arte (los toros), para otros es un acto criminal, y con el acceso a las redes sociales de manera fácil e inmediata, no deja de ser sorprendente lo rápido que podemos encontrar manifestaciones a favor y en contra de cualquier idea que se presente.

La antipatía tiene una doble interpretación. Por una parte, es un síntoma de notoriedad desde el momento en el que eres capaz de sobresalir por algo negativo, destacas para un gran número de personas a las que le resultas antipático. En esta sociedad abierta y flexible donde se amplía la interpretación a múltiples perspectivas, ser antipático para alguien significa que se toma al menos la molestia de conocerte o de saber algo sobre ti. Es superar el grado de la indiferencia y el anonimato, lo que, teniendo en cuenta los tiempos que corren, no es poca cosa. Pero por otra parte, genera el rechazo social casi inapelable por parte de los que te consideran antipático, porque has puesto en cuestión algunas convenciones sociales de personas que han trazado sus propios límites infranqueables y que tú has osado traspasar. Lo que para algunas personas es transcendental e innegociable, para otras es absurdo y fútil.

EL REINO DE LOS MANIQUEOS

Hay que tener cuidado con esto. En el momento histórico donde más flexibilidad y apertura parece haber, encontramos a muchas personas que se anclan dentro de un sistema de pensamiento inflexible, en el que se sienten a salvo del indeterminismo social, o de la relajación de los límites de los que estamos hablando. Son los radicales maniqueos, que entienden el mundo con un código binario, es decir, solo comprenden la realidad de dos maneras: o conmigo, o sin mí; o eres de los míos, o estás contra mí. Este pensamiento, el que te exige una postura o su contrario, suele pecar de lo que yo denomino «la falacia de la negación». Esta falacia se suele dar cuando interpretan un silencio o una ausencia de respuesta ante dos alternativas opuestas, como una negación, y digo interpretan, porque son los radicales maniqueos los que no admiten la prudencia, el recato o simplemente la indiferencia como una manera más de ver las cosas.

Aunque quede feo, usaré un ejemplo personal para ilustrar de lo que estoy hablando. Cuando publiqué el libro *De Platón a Batman*, en algunas entrevistas que realicé, hubo periodistas que me reprocharon que no incluyera filósofas o más superheroínas en él, y alguna de estas periodistas insinuó cierta tendencia machista y patriarcal, tanto en la selección de personajes como en el lenguaje. He de decir que, cuando lo escribí, la metodología se basaba más en centrar la investigación y divulgación sobre los temas a tratar que sobre las personas o superhéroes que se identificaban con esos temas. Es decir, no presté atención al sexo de la persona, o personaje de ficción, que usaba para apoyar mis teorías sobre la educación.

En la historia de la filosofía, por desgracia, las mujeres no han tenido un papel relevante, papel que, afortunadamente, ahora estamos recuperando y reivindicando como se merece. En los cómics la cosa parece igual, históricamente los superhéroes en su mayoría eran hombres. Así pues en mi selección usé a mujeres como Mary Shelley y superheroínas como Wonder Woman, pero había más filósofos y superhéroes masculinos que femeninos. En ningún momento pensé en el problema de las cuotas. Para mi sorpresa se me reprochó esta tendencia machista que perpetuaba el mito del patriarcado. Entonces saqué a colación la falacia de la negación, que viene a decir algo tan simple como que del hecho de no mencionar o tener en cuenta algo no se puede derivar la postura contraria. Hay mil razones por las que una cosa puede pasarte desapercibida o no tenerla en cuenta, pero de esos factores (que pueden ser múltiples) no se puede inferir que estés en contra de la misma. Dan un salto ilegítimo de la ausencia a la negación y ponen en marcha el mecanismo de «conmigo o contra mí». Son los más intransigentes y peligrosos a nivel social.

Lo que es curioso es que todos tenemos algo de este maniqueísmo dependiendo de qué tema sea. O bien para la política, o bien para la religión, o bien para la economía... Es decir, para muchas cosas solemos ser tolerantes, transigentes, flexibles, apenas le otorgamos ni reconocimiento ni predicamento a nadie porque no consideramos que sea necesario, pero en algún campo temático que por algún motivo nos apasiona, o le prestamos interés, en ese campo es donde sí buscamos el reconocimiento y se nos genera antipatía. Es donde queremos que los demás nos tomen en consideración, a nosotros y a nuestras ideas, y es donde más despreciamos o somos desconsiderados con los demás.

Por eso es importante saber evaluar siempre al interlocutor con el que estamos hablando si no queremos generar antipatía, y si lo hacemos bien, podemos llegar a convertir la antipatía en reconocimiento. Si prestamos atención a las actitudes, al contexto, a la cultura, al modo de expresarse, a la manera de opinar... de la otra persona y somos lo suficientemente inteligentes, lograremos que lo que hasta entonces podría ser una animadversión contra nosotros se convierta en un proceso de admiración.

Es decir, si, por ejemplo, estamos en contra del matrimonio como institución y nos encontramos a un/una recién casado/a, comenzar con una diatriba contra el amor eterno y el compromiso hasta la muerte sería una insensatez que pondría a nuestros interlocutores a la defensiva desde el minuto cero. Pero por el contrario, podemos usar un método filosófico muy conocido que nos ayudaría a entablar un diálogo inteligente sin atacar directamente las creencias, opiniones, puntos de vista… de nuestros semejantes. Este método, que analizaremos en el siguiente apartado, es la mayéutica.

SÓCRATES. MANERAS DE VIVIR

Sócrates es un pensador ateniense históricamente reconocido por sus semejantes, sobre todo por los jóvenes del lugar, incluido el propio Platón, posiblemente el filósofo más influyente de la historia del pensamiento, y que fue discípulo suyo. Muchas cosas se han escrito sobre Sócrates y nada queda de su puño y letra, probablemente porque casi no sabía escribir. Sus enseñanzas nos han llegado de mano de alumnos suyos, seguidores e historiadores que oyeron hablar de él. Sócrates tenía el mote de «el feo» por su aspecto físico, pero también se refieren a él con el sobrenombre de «la avispa», porque se decía que tenía un aguijón que era muy molesto y que no paraba de pinchar a las personas. Pero este «pinchar a las personas» no era otra cosa que, a base de preguntas, obligarlas a reflexionar por sí mismas sobre lo que dicen o piensan, excavando más allá de la superficialidad. Tal es así que se cuenta que más de una vez, en las discusiones acaloradas, se llevó algún tirón de pelos, puñetazo o coscorrón, y que sus oponentes más irascibles terminaban despreciándolo y burlándose de él, cosa que nunca le afectó.

Nació en Atenas sobre el año 469 a. C. y murió en el

399 a. C. Su padre se cree que era escultor y su madre ama de casa y ejercía como matrona cuando la ocasión lo requería. Provenía de una familia de clase media. En sus años de formación siguió las enseñanzas del filósofo Arquelao, que a su vez fue discípulo de Anaxágoras. No se sabe mucho de las enseñanzas de Arquelao, pero de lo poco que podemos decir, Arquelao defendía que lo justo y lo injusto no proviene de la naturaleza en sí, sino que son convenciones sociales y tienen como origen la ley. Uno de los investigadores y fuentes más importantes de la historia de la Grecia antigua, Diógenes Laercio, que ya hemos mencionado, en su libro *Vida y opiniones de los filósofos ilustres*, hablando de Arquelao, llega a afirmar que es el pensador que «trajo la filosofía natural desde Jonia a Atenas». Sea como fuere, lo que parece claro es que fue el causante de provocar en Sócrates la curiosidad por la filosofía y en concreto por las cuestiones morales. Pero lo interesante de este pensador, según la fuente de Diógenes, es que «fue el primero en dialogar sobre la manera de vivir y el primero de los filósofos en morir condenado en un juicio».

Casi todos los historiadores coinciden en que Sócrates tenía un don para la retórica y la oratoria, y que además fue de los primeros filósofos en abandonar la moda que existía en aquel momento de preocuparse por entender la naturaleza, el cosmos, el origen físico del mundo..., y ocupar sus investigaciones y tiempo en cuestiones morales y políticas. Pero de entre las peculiaridades de este pensador, es interesante para nuestro propósito destacar el hecho de que intentaba reflexionar sobre los temas morales en los lugares públicos de su ciudad.

Filosofaba en los talleres y en la plaza pública, no tenía reparo en hablar con cualquiera, ya fuera general de renombre ateniense, político, escultor o carpintero.

La falta de esnobismo a la hora de dialogar indistintamente con personas de oficios y clases sociales tan diversas demostró una apertura mental para la que no se estaba muy preparado por aquel momento. Su fama se extendió por toda Grecia y se cuenta que vivía encadenado a muy pocas necesidades, incluida la comida o el calzado, ya que solía caminar descalzo por el ágora y mostraba siempre unos pies sucios acompañados de una túnica fétida. No es de extrañar que tuviera cierta fama de maloliente. Pero tenía eso que hoy denominamos «carisma», poseía una personalidad muy atrayente, y muchos jóvenes atenienses, hijos de personalidades políticas de la ciudad, caían rendidos ante las palabras y enseñanza de este pensador.

Los problemas de Sócrates no llegaron exclusivamente por su carácter de aguijón afilado o «tocanarices». Según cuenta Diógenes, los problemas aparecieron cuando Querefonte, un discípulo que había ido al Oráculo de Delfos de visita, con el fin de que el Oráculo le adivinase el futuro, trajo a Atenas aquella famosa respuesta del Oráculo que decía que Sócrates era el hombre más sabio de Grecia. Los griegos le tenían gran predicamento al Oráculo, de modo que lo que este decía se convertía rápidamente en *vox populi*. Y esta sentencia sobre Sócrates le granjeó muchas envidias entre sus semejantes. ¿Cómo es posible que una persona sucia, fea, haraposa, maloliente y un incordio intelectual, sin categoría social, sin apenas dinero y presumiendo de una vida frugal, sea considerado el hombre más sabio?

La fama, el reconocimiento de su sabiduría, fue quizá el inicio de su condena a muerte. Esto unido a que, según algunos diálogos de Platón como el *Menón*, a Sócrates le gustaba poner en evidencia a los poderosos para revelar que el único poder verdadero era el del conocimiento. De modo que, entre la envidia que provocó su fama de hombre más sabio y el malestar de algunos por descubrirse ignorantes, terminó acusado de corromper a la juventud ateniense y de ser impío con los dioses. La acusación de corromper a la juventud se basaba en que algunos de sus seguidores más jóvenes habían participado en la sangrienta dictadura de los Treinta Tiranos, y que él habría sido el incitador, habiendo corrompido la mente de estos. Sócrates se justificaba diciendo que él no era responsable de lo que otras personas hacían, pero no le sirvió de mucho. A esto se suma un poquito de altanería por parte del maestro cuando se enfrentó a sus hostigadores ante el tribunal. Tras oír las acusaciones y la petición de pena de muerte, lo normal era que el acusado mostrase arrepentimiento y se le rebajara la condena, o bien que solicitara el destierro, pero en lugar de eso, Sócrates pidió al jurado que le dejase seguir con sus actividades y que el Estado le regalase un palacio y una renta vitalicia por haber educado a los jóvenes de manera gratuita durante toda su vida. De modo que, como era de esperar, ante semejante chulería, no le quedó otra a los jueces que condenarlo a muerte.

Sócrates siempre tuvo especial interés por enseñar a pensar como es debido, o al menos, a cuestionarse las cosas, y lo hacía con todo aquel que quisiera escucharle. Pero para alcanzar el conocimiento, era importante saber preguntar bien, de ahí que pensara que la pregunta es el primer paso para el discernimiento. Además estaba convencido de que el conocimiento era accesible para la gran mayoría y que uno se puede acercar a la verdad si la busca.

Se enfrentó a otro grupo de filósofos de la época: los sofistas, que no creían que existiese otra verdad que no fuera relativa al hombre en cada contexto. Eran relativistas a la hora de defender una verdad o su contraria, todo dependía de los intereses del momento, de las circunstancias, y buenos oradores, al igual que Sócrates, pero al contrario que este, ellos solían sacar provecho de sus habilidades y andaban de ciudad en ciudad enseñando y adoctrinando a todo aquel que quisiese pagar por ello.

Por resumir, diríamos que los sofistas se ganaban la vida con sus enseñanzas, cual docentes, que versaban sobre los temas que los interesados querían conocer. Fueron de los primeros pensadores en profesionalizar sus conocimientos y poder vivir de ellos, tuvieron la necesidad (muchos de ellos no provenían de familias acomodadas como gran parte de los filósofos) y la capacidad de saber adaptar sus habilidades y conocimientos allá donde iban y lograron llevar una vida digna. A diferencia de Sócrates, eran escépticos en lo referente a la existencia de una verdad absoluta y se inclinaban más por el relativismo. Sócrates los tachaba de charlatanes y creía que ese relativismo interesado y materialista (por aquello de sacar tajada de lo que enseñaban) era muy peligroso para la educación de cualquier persona. De hecho, para

Sócrates, si no existe verdad que valga y entonces todo puede valer, estaríamos corrompiendo moralmente la juventud. Ironías de la vida, esta acusación fue la que él mismo sufrió. De hecho se dice que el discurso que lo acusó de impío y corruptor juvenil lo escribió el sofista Polícrates, logrando el efecto deseado ante el tribunal, aunque esto no queda del todo claro en las fuentes historiográficas.

En lo que sí parece que se pusieron de acuerdo todos es en la antipatía común que existía entre los que ejercían la profesión de sofistas y el propio Sócrates. Lo que le sucedió a este, ganarse la antipatía, el recelo e incluso el odio de aquellos a los que ponemos en cuestión, censuramos o criticamos es algo que podría sucedernos a cualquiera de nosotros. La impopularidad comienza con el rechazo. Sócrates levantó ampollas entre ciertas personas poderosas por animar a que la gente pensase por sí misma, por alentar a que los demás pusieran en cuestión temas tan incrustados en el ideario popular como la existencia de los dioses o la legitimidad de quienes ostentaban el poder. Incitar a la gente, sobre todo a los jóvenes de familias de bien de la Atenas del momento, a que se cuestionasen la filosofía de vida que tenían terminó granjeándole enemigos poderosos que lograron quitárselo de en medio porque lo consideraban un elemento subversivo para la estabilidad y el control de la ciudad, un control que los poderosos ejercían de manera casi incontestable.

Replantearse las convenciones sociales, preguntarse por ellas, investigar, cuestionarse las cosas, ser capaces de tener un pensamiento crítico operativo y eficaz, es siempre un elemento disruptivo y peligroso para las élites. Cuando las élites que tienen la autoridad y el control de la sociedad detectan que alguien tiene el poder suficiente para que los demás se cuestionen de dónde proviene su soberanía, o si es legítimo que tengan tantas atribuciones, si es justo que ellos ostenten ese poder, si se puede hacer algo para cambiar la situación social en la que viven…, entonces pondrán todos los mecanismos de coacción y coerción para eliminar la peor amenaza de todas, la peor arma de destrucción masiva que existe en la sociedad: el pensamiento crítico libre.

MAYÉUTICA: CAMELO CONTRA LA ANTIPATÍA

Pero hay cierta coincidencia en la manera en la que orientaba sus enseñanzas, y ha pasado a la historia no solo como el maestro de Platón, sino también como el máximo representante de una metodología filosófica que se denomina Mayéutica. Mayéutica proviene del griego clásico y significa «hacer parir». La historia es conocida: la madre de Sócrates era partera, comadrona, ayudaba a dar a luz. Sócrates eligió un método de trabajo similar al de su madre. Su trabajo era ayudar a que las personas alumbraran por sí mismas las ideas.

Es un método que sirve tanto para la introspección como para el análisis, y es de gran utilidad para entender mejor de dónde provienen nuestras ideas, nuestras creencias, si tienen un fundamento sólido, o por el contrario nos hemos dejado guiar por los dichos populares, las supersticiones y supercherías. En el fondo el método consiste en realizar preguntas sobre el conocimiento que creemos poseer o que pretendemos alcanzar. La mayéutica, por lo tanto, es una técnica concreta que ayuda a dar a luz a la verdad.

La mayéutica no descubre la verdad, de hecho quien tiene que parir es el paciente, la matrona solo puede ayudar, facilitar. Por eso se induce a la búsqueda de la verdad a través de preguntas cuya finalidad es que el sujeto produzca por sí mismo el conocimiento. Es un modelo de discusión con finalidad pedagógica, de cara a que el interlocutor se aproxime lo máximo posible a la verdad o, cuanto menos, sea capaz de desechar las falsas creencias.

En realidad no es nada complicado de poner en práctica, y es un excelente ejercicio de pensamiento crítico para todo aquel que quiera progresar en el saber. En primer lugar se elige cualquier tipo de idea, pensamiento o declaración que se perciba como «de sentido común», que sea comúnmente aceptada. Después, se parte de pensar que ese pensamiento (idea, reflexión, declaración) es falso y se busca algún ejemplo, contexto o situación donde esa idea no se cumpla. Siendo así, si logramos encontrar esta excepción primera, la deducción es que, lo que en principio nos parecía de sentido común y verdadero, ya no lo es tanto, de modo que tenemos que aceptar la excepción como parte de la definición y habremos mejorado nuestro nivel de conocimiento. Pero si logramos encontrar más excepciones, entonces tendremos que ir redefiniendo lo que antes considerábamos obvio. De modo que a lo largo de este proceso nos estaremos acercando a la verdad a medida que desechemos lo que una idea/principio/declaración no es. Es una especie de aproximación por negación.

Muchos de los diálogos que escribe Platón tienen como protagonista a su maestro Sócrates, y en ellos se ponen ejemplos de cómo se usa esta metodología. Por lo general, siempre hay un tema a debatir al inicio de los diálogos, ya sea el amor, la amistad, la justicia, el arte... Siempre hay un personaje que tiene claro lo que significa cada cosa, alguien que declara saber qué es la amistad, o conoce bien el amor, o cree poseer el criterio de justicia... A continuación, Sócrates, usando la respuesta o la argumentación que su interlocutor ofrece, realiza preguntas para que el otro tenga que buscar argumentos de cara a defender sus ideas. Son preguntas que tienen como transfondo el valor del pensamiento crítico. La intención del proceso es que la persona que tiene confianza plena en sus ideas, poco a poco, se vaya dando cuenta de que muchas de las mismas no tienen fundamentos racionales tan sólidos como pensaba. Esto, al final, le provoca dudas que generan el cambio de ideas y le facilitan un progreso en la pretensión de acercarse al camino de la verdad demostrando que siempre hay que tener activado el pensamiento crítico.

La mayéutica puede sernos muy útil de cara a combatir la antipatía y despertar el reconocimiento de nuestros semejantes. Por lo general, expresar opiniones contrarias a las que otra persona tiene, posicionarse contra las costumbres y la cultura de un individuo que lleva toda su vida convirtiendo sus creencias en ideas, en «conocimiento», es contraproducente e impopular, genera incomprensión y, en el peor de los casos, termina en antipatía. Sobre todo porque el sujeto suele sentir que está siendo atacado, no se entiende la antítesis como estimulante sino como desafiante. Incluso ser aceptado puede ser una experiencia bastante difícil. Pero si usamos la mayéutica podremos revertir una posible situación de antipatía hacia una situación de reconocimiento. En lugar de contraargumentar, intentando que la otra persona acepte una idea contraria a la suya por muchas evidencias que le expongas, es más efectivo que esa persona llegue a los argumentos que tú pretendes ofrecerle por sí misma. Es más eficaz que las personas alcancen su verdad sin necesidad de enfrentamientos, y para eso, sustituimos la disputa dialéctica por una labor de cuestionamiento hacia lo que el otro cree, piensa, sabe…

Imaginen que su hijo (amigo, pareja…) tiene una idea que proviene de una creencia social, de un lugar común, y ustedes quieren hacerle ver que está equivocado. Saben que no tiene razón, tienen argumentos para rebatirle. Pues cuenta con dos opciones: o bien se enfrentan a su verdad, algo que tiene tan arraigado que será difícil extraérselo con simples contraargumentos. En este caso, sobre todo si la persona tiene tendencia a dejarse llevar por las discusiones emocionales, entonces será muy difícil hacerle cambiar de postura realizando una batalla dialéctica. En muchas ocasiones, la cultura, la educación y el contexto han logrado que las personas interioricen creencias y las conviertan en ideas, siendo más complicado conseguir que se deshagan de ellas. Si no, prueben a hacerle cambiar de opinión a un adolescente sobre sus amigos.

La otra opción que tenemos es la de usar inteligentemente la mayéutica y provocarle, a través de preguntas guiadas, dudas en torno a sus ideas. Que intente explicarnos de dónde proceden sus ideas, qué justificación tiene para las mismas, quién se las ha enseñado o cómo las ha aprendido, poner en duda la legitimidad de la procedencia de estas fuentes… En definitivas cuentas, es mucho más productivo y eficaz dejar sembrada la semilla de la duda por medio de preguntas que intentar extirpar las ideas erróneas.

Dice un refrán español: «Nadie escarmienta en cabeza ajena», y hay mucha razón en estas palabras. Tenemos que lograr que ellos mismos se den cuenta de que han convertido creencias en ideas, que las han dotado de una categoría epistemológica que no tenían. Ellos tienen que sentir que nos interesamos por sus ideas, que queremos saber más sobre ellas, que realizamos preguntas sabias para comprenderlas mejor y que nuestros interrogantes constituyen curiosidades no solventadas. Si es así, entonces, aparte de asesorarles en su camino hacia la búsqueda de la verdad, también habremos logrado obtener su reconocimiento por haberlos ayudado en este proceso de alumbramiento, evitando la posible hostilidad que supondría el enfrentamiento. En lugar de ganarnos la antipatía de los demás tratando de oponernos a sus ideas, creencias, costumbres…, es mucho más provechoso mostrarnos como personas que quieren saber, que desean entender la procedencia de estas ideas, que hacen las preguntas adecuadas para obligar a las otras personas a pensar respuestas convincentes y certeras. Sabiendo usar la mayéutica adecuadamente podremos convertir la antipatía en admiración y respeto.

ALAIN DE BOTTON. ESNOBISMO Y LA MANÍA DE ENCASILLAR

Uno de los problemas que más reclaman la necesidad de activar el interruptor del pensamiento crítico es el modo en el que, día a día, tenemos que lidiar con el estatus social. La globalización ha traído una maravillosa diversidad en lo referente a ofertar un enorme abanico de opciones para elegir un modelo de vida con el que sentirse a gusto cada uno. El problema surge cuando, además de encontrar ese modelo de vida óptimo para nosotros, queremos que los demás lo reconozcan como tal y lo tengan en buena estima social. Deseamos y ansiamos que nuestro modelo de vida alcance, en los ojos de los demás, un buen estatus social. Es en ese momento cuando empezarán los problemas derivados de esta necesidad que nos imponemos de reconocimiento y admiración por parte de los demás. Una necesidad que demuestra la poca estima y el escaso valor que le damos a nuestro proyecto de vida, a nuestra filosofía, porque necesitamos la aprobación de terceros para sentirnos satisfechos.

Recuerdo una conversación con una amiga que trabaja en un concesionario de coches de alta gama en Córdoba. Le pregunté por el tipo de cliente que solían tener, y de entre los muchos que compraban coches caros, nos detuvimos en un modelo de cliente peculiar que habían encasillado por el código postal en el que vivían, los llamaban los 14012. Eran clientes que vivían en la parte pudiente de la ciudad, pero ellos mismos no eran tan pudientes como aparentaban, de modo que querían comprar un coche de alta gama y eran los únicos que buscaban la financiación más larga posible, diez años a plazos, y apenas gastaban dinero en ningún extra. No querían perder la apariencia de estatus social bajo ningún concepto, porque para ellos, la imagen social que daban al exterior era importante. Este tipo de personas son vulgarmente conocidas como «esnobs».

Alain de Botton tiene una definición de *esnob* bastante cercana para los tiempos que corren: *esnob* es ese individuo que te evalúa como persona usando apenas una característica tuya, y por lo general es una característica asociada con el trabajo y la apariencia de estatus social que tengas. También y de manera secundaria, te suele evaluar a través de otras cuestiones como la ropa que uses, el coche que conduces, el lugar donde pasas las vacaciones, el colegio donde llevas a tus hijos a estudiar...

De entre todos los esnobismos que podemos encontrar, el que parece estar más asentado es el laboral, asociado al estatus social. Si no, hagan la prueba y cuando se presenten ante desconocidos, digan que son notarios, jueces o cirujanos, y verán que la consideración hacia sus palabras y la actitud de los interlocutores son distintas de las que serían cuando nos presentamos como fontaneros, oficiales de primera en albañilería, o pintores de brocha gorda. Para muchas personas el trabajo determina el nivel de importancia en el escalafón social que tienen y, lo que es peor, el tipo de persona que uno es.

Sucede a veces que cuando alguien se entera de que te dedicas a la filosofía, parece esperar que cada frase que pronuncies sea una especie de sentencia inteligente que les deje aturdidos durante unos momentos, y, lógicamente, después de un rato conversando conmigo, terminan decepcionados diciéndome: «Pues para dedicarte a la filosofía pareces muy normal». Este ejemplo, que he sufrido en carnes propias en más de una ocasión, me sirve para exponer la tremenda importancia que suele tener el aspecto profesional a la hora de encasillar y definir a una persona. No es habitual preguntar a las personas si están casadas, si tienen hijos, a qué dedican su tiempo libre, si les gusta el cine, si se sienten felices... La única pregunta que parece ser relevante es: «¿a qué te dedicas?»

Definir a una persona por su actividad profesional no solo es ser un esnob de primera, sino que además condiciona la visión sobre uno mismo a la hora de evaluarse. Este tipo de esnobismo, limitado al mundo laboral, se centra en algo tan reduccionista pero tan impactante para la sociedad del momento como es el hecho de los logros conseguidos. Es decir, cuando se es un esnob, se juzga a los demás por sus méritos laborales y después por sus posesiones materiales. La personalidad queda en un segundo plano.

Para evitar este esnobismo el mejor ejercicio que podemos realizar es el de no interesarnos exclusivamente por los logros profesionales de las personas que conocemos, al menos en principio. Hablar de trabajo es un lugar común entre conocidos, y si bien este ocupa una parte importante de nuestro tiempo, sería mucho mejor para nuestra higiene mental y nuestras relaciones sociales preocuparnos más por los aspectos personales de los demás y de los nuestros, en lugar de por sus conquistas y objetivos profesionales. Por lo general, el amor de unos padres hacia sus vástagos es el mejor ejemplo de antiesnobismo que hay. Unas personas que te conocen mejor que nadie, que saben tus defectos y tus virtudes, y que te aceptan y sobre todo te quieren, por lo general, sin necesidad de evaluarte a cada cosa que haces. No te valoran por tu trabajo, por la pareja que tienes o por tu estatus social, son justamente lo contrario al esnob: te quieren incondicionalmente.

Ser un esnob es juzgar de manera global teniendo en cuenta solo un ítem en la estadística, extrayendo conclusiones generales usando como indicadores apenas un par de datos. Por lo general no podemos evitar encasillar a las personas porque eso nos aporta tranquilidad. Pero hay que pensar que las personas no se reducen a ese dato (o datos) que tenemos de ellas.

Es preciso flexibilizar nuestra manía de categorizar y encasillar. Si queremos ser más justos en nuestra manera de juzgar a las personas, es necesario que dejemos abiertas las casillas donde encajamos a cada una y tratemos de comprender la tremenda complejidad que supone conocer a alguien. Y claro, cuando reducimos este conocimiento a un par de datos que tenemos y nos hacemos una idea completa de la persona, entonces estamos siendo injustos con la realidad de cada uno.

LUTERO Y EL *AMERICAN DREAM*. EL TRABAJO COMO ENGAÑIFA

Con la globalización, los mensajes de desarrollo personal y de felicidad empiezan a asociarse con el mundo laboral y por lo tanto se amplía el abanico de la vida emocional a un sector que apenas había tenido filiación emocional: el mundo del trabajo. De repente hemos aumentado exponencialmente la importancia del mundo emocional al introducirlo en el sector laboral. Ahora tenemos que ser felices desde que nos levantamos hasta que nos acostamos. Antes se insinuaba una sonrisa y alivio al llegar a casa y ver a tus hijos alegrarse, o al cenar con tu pareja mientras conversabas sobre lo cansado que estabas, o al tumbarte en el sofá para ver tu serie preferida. La realización de esta felicidad se circunscribía a la vida personal, al ocio, al tiempo libre. Solo un puñado de privilegiados tenían la posibilidad de haber convertido sus aficiones en trabajo.

Pero desde el momento en el que nos empiezan a vender el mensaje de que tenemos que buscar, encontrar y seguir nuestra pasión, investigar nuestra vocación y vivir con ella (especial atención merecen las charlas TED de Sir Ken Robinson), nos echan encima la pesada carga de ampliar la felicidad ahora también dentro del ámbito laboral. Y este ha sido uno de los mensajes más dañinos para la evolución emocional del ser humano. Esta necesidad de ser felices las 24 horas del día, especialmente en el trabajo, está provocando ansiedad e insatisfacción.

Hasta el momento, el trabajo sirve para ganar dinero, y este es esencial para la vida. El trabajo es importante porque es el principal sustento para poder vivir, para tener cubiertas las exigencias vitales y, dependiendo de cada situación, también para los caprichos. La historia de la filosofía lo tenía ya claro cuando afirmaba que lo primero que había que asegurarse eran los bienes primarios y después se podría filosofar. La frase se le atribuye al filosofo inglés Hobbes, pero ya se conocía en la Grecia clásica y en tiempos de Roma: *Primun vivere deinde phisophari* (traducción no literal: «Primero los víveres y después la filosofía»). No se puede hacer filosofía sin tener cubiertas las necesidades vitales. Para algunos de los pensadores de la Grecia clásica más ilustres, como Aristóteles, la filosofía provenía del ocio, es decir, de tener el suficiente tiempo libre para pensar en otras cosas que no sea en cómo traer comida a casa, o dónde voy a dormir hoy, o cómo voy a alimentar a mis hijos. De hecho, para este alumno de Platón que abrió su propia escuela (El Liceo), a la vida intelectual solo podían acceder las personas con buen nivel económico que gozaban de libertad. A los que tenían que ganar dinero trabajando para vivir los consideraba una especie de esclavos, es decir, no eran hombres libres, porque la necesidad los obligaba a trabajar.

Pero el trabajo en el siglo XXI ha dado un giro significativo sobre todo en su importancia para el desarrollo personal. Cada vez más se presiona a la gente para que sea la actividad profesional en exclusiva la que dote de sentido al plano personal. El mensaje sobre la vocación y la pasión se ha volcado y orientado hacia el mundo laboral de manera que se expande la idea de que el trabajo, ahora, es el mejor lugar para realizarse. Se intenta que el trabajo deje de ser una necesidad, una carga, una actividad que hay que realizar para ganarse la vida, y se convierta en el eje central de nuestra identidad, donde la creatividad, el progreso y la satisfacción profesional sean las claves.

Las consecuencias de este cambio en la mentalidad social o en la misma concepción del trabajo son, como ya estamos viendo, preocupantes para gran parte de la población, que ha crecido bajo este mensaje de que la plena realización solo parece conseguirse en el trabajo. Lo que no nos cuentan es que las personas que logran trabajar en aquello que les apasiona constituyen una minoría.

Esto es sintomático de nuestra sociedad, de una sociedad que ha entronizado un concepto de trabajo asociado con la felicidad y lo coloca en el eje central de nuestras vidas, de manera que termina minusvalorando el resto de los aspectos personales. Para no sufrir desengaños, lo ideal sería seguir con la mentalidad de antaño en la que el trabajo era un instrumento para ganarse la vida y no un medio para realizarse personalmente. Solo algunos, al igual que ahora, tenían la fortuna de encontrar un trabajo con el que sentirse satisfechos. En apenas treinta años hemos convertido la excepción en la regla, en la prioridad a seguir, generando un malestar en todos aquellos (y son multitud) que no logran «amar» su trabajo.

El trabajo, históricamente, ha sido un mal, o al menos, una ocupación obligatoria. El objetivo para una buena vida era el ocio, el tiempo libre, y no tanto el neg-ocio (negación del ocio). Según el mito del Génesis, Adán y Eva vivían plácidamente en el Paraíso terrenal, disfrutaban de su tiempo juntos, no tenían que trabajar para ganarse el sustento ni el cobijo porque el Paraíso les proporcionaba todo lo necesario. Era como si tuvieran una pléyade de mayordomos para que ellos no se preocupasen de las contingencias de la vida. Pero de repente, la falta de libertad que Dios les impone, prohibiéndoles comer la fruta del árbol prohibido, se convierte en un deseo irremediable que derivará en el acto de rebeldía más grande que la humanidad haya llevado a cabo.

Rebeldía contra su propio Dios y, más en concreto, contra la prohibición, contra la privación de libertad, ese bien sagrado que, según el mito, no estaban dispuestos a sacrificar. Y lo que es aún más interesante, Eva se rebeló contra la ignorancia, antepuso la curiosidad como actitud filosófica, quería saber qué sucedía si mordía la fruta del árbol prohibido. Al saltarse el mandato divino recibieron el peor de los castigos: la obligación de trabajar para poder subsistir.

Desde el castigo impuesto por Dios a Adán y Eva —«Te ganarás el pan con el sudor de tu frente»—, el trabajo era considerado un mal y el resultado de haber pecado. Esclavizados a laborar y sin apenas tiempo libre hasta el día de nuestra muerte. Si volvemos a las palabras de Aristóteles, hay que tener en cuenta que todo aquel cuya misión es ganar dinero no puede realizar un buen ejercicio intelectual. Durante muchos siglos esta idea de que trabajar era una carga pesada donde no se podía encontrar ningún tipo de placer ni realización personal ha permanecido anclada entre las distintas civilizaciones. Sin embargo, con la llegada del Renacimiento, esta idea fue cambiando gracias a una serie de genios y artistas que comprendieron que, haciendo aquello que les gustaba, podrían ganarse muy bien la vida, podían ser muy bien pagados económicamente, a la vez que obtener reconocimiento social. Artistas como Miguel Ángel o Leonardo da Vinci hacían aquello que más les apasionaba en la vida (si bien es cierto que no siempre con total libertad) y además recibían maravillosos estipendios. Gran parte de la concepción que ahora se está tratando de imponer en nuestra sociedad tiene una herencia cercana a esta idea renacentista. Pero claro, al igual que sucede ahora, en el Renacimiento encontramos que estos hombres eran la excepción y además se dedicaban a un tipo de oficio donde la libertad creativa era plena. Son casos muy específicos y singulares. Lo normal es tener que trabajar por obligación y no sentir satisfacción ni recompensa alguna más allá del salario.

¿Entonces cómo se ha llegado a tener la idea de que el trabajo dignifica al hombre? ¿De dónde proviene? Si tenemos en cuenta que el trabajo en la Antigüedad era un castigo y una obligación que te convertía en esclavo, ¿cuándo se cambió esta concepción por esa otra que afirma que el trabajo enaltece a la persona?

Alain de Botton, en su *School of life*, lo explica de manera bastante sencilla. Si bien no podemos dilucidar exactamente el momento histórico y los antecedentes culturales, por otra parte, con Lutero, se cambia el modo de enfocar el trabajo. Lutero había reformado la interpretación de las Sagradas Escrituras y en lo referente al trabajo llega a afirmar que Dios había dotado de diferentes dones y habilidades a las personas, de manera que ningún oficio tenía más valía para Dios que otro. La vida de una mujer ama de casa, de un ganadero o de un zapatero podía ser tan valiosa a los ojos de Dios como la de un religioso que dedicara todo su tiempo a la oración, o la de un banquero. Para Lutero, cuando uno realizaba una labor, mostraba una de las múltiples facetas de Dios a través de su trabajo. Podemos decir que estas cualidades y talentos que tenemos nos son dados por Dios con el objetivo de cuidarnos los unos a los otros, y la manera de hacerlo es a través de nuestro trabajo.

El desarrollo de estas habilidades dignificaba la vida de las personas a ojos de Dios, que, debemos recordar, había implantado la pereza como uno de los siete pecados capitales. El protestantismo que encabezó Lutero fue el encargado de revitalizar el concepto del trabajo, dotándolo de dignidad, independientemente de la labor que cada uno realizara.

En esta evolución sobre la percepción del trabajo, no podemos obviar al filósofo que más se asocia históricamente a esta palabra: Karl Marx. El concepto de «trabajo» de Marx no era muy diferente al que Lutero había propuesto. El problema no es ya que tengamos que trabajar, algo que se sabía necesario para los tiempos de la Revolución Industrial que se vivía en aquel momento, y tampoco se centraba en el salario, que también era una de las reivindicaciones, si bien no la principal, sino en lo que él denominó «la alienación del trabajador». El trabajo era alienante porque era mecanizado, no dejaba lugar a la creatividad y desarrollo personal del trabajador, y este no tenía ningún tipo de libertad en su labor, se comportaba como un mecano, al estilo de la famosa escena de *Los tiempos modernos* donde Chaplin aparece apretando tornillos en una cadena de montaje.

El trabajo, dentro del capitalismo, había logrado quitar cualquier tipo de placer al trabajador (si es que alguna vez tuvo alguno) y por si fuera poco este no tenía derecho a negociar las condiciones, y mucho menos el sueldo a recibir. Además, el obrero, por medio de su actividad, que era lo único que tenía y valoraba, puesto que no poseía otra cosa, se vendía por un salario fijado por el patrón, que era el propietario de los medios de producción. Al poseer los medios, este empresario no tenía que trabajar, y el producto del trabajo que el asalariado fabricaba era tomado por el dueño, pagado por un valor en forma de sueldo al trabajador y vendido después por mucho más de lo que este jefe le pagaba, obteniendo así un beneficio extra (plusvalía) que quedaba en manos del empresario.

Pero con el avance del capitalismo, ya al principio del siglo XX y sobre todo con EE.UU. a la cabeza, el trabajo duro pasa a convertirse en un fetiche social y empieza a expandirse una confederación de ideas donde los valores como la honradez y la calidad personal de alguien se relacionaban con su manera de enfocar el trabajo. Estaba bien visto ser un buen trabajador. El ocio no tenía buen predicamento, y el perezoso, o el que solo quiere trabajar lo indispensable para vivir, es tachado de vago y rechazado socialmente, llegando después a adquirir el calificativo de «perdedor». El sueño americano

(*American dream*) de que trabajando duro y trabajando mucho uno puede alcanzar sus metas empieza a impregnar el ideario popular por doquier.

Alain de Botton nos presenta muy bien esta evolución cuando habla sobre Katherine Cook Briggs y su hija Isabel Briggs Mayers, que, durante el desarrollo de la Segunda Guerra Mundial, fueron las pioneras a la hora de elaborar el primer test de personalidad con orientación laboral: el test Briggs-Mayers. Este test de 91 preguntas intentaba concluir qué tipo de personalidad tenías, y en función de ella poder recomendar un modelo de trabajo en el que las potencialidades, talentos y temperamento de cada uno pudieran ser de utilidad de cara a enfocar y seleccionar un trabajo afín a la personalidad. Era un test encaminado a buscar la felicidad, el desarrollo personal y la autorrealización en el trabajo, es decir, encontrar el tipo de trabajo que mejor encaja a cada uno y, por consiguiente, poder orientar también un estilo de vida mejor para cada persona.

Lo curioso es que con este tipo de test el dinero no era fuente de inspiración, ni motivacional, lo que se medía era personal, intrínseco a cada uno y se relacionaba con lo laboral, no había asociación alguna con el dinero, y esto, en parte, tiene que ver con esta idea de trabajar duro día tras día, año tras año, y alcanzar el sueño americano. Detrás de este entramado existe la idea de que para hacerse rico solo hay que conjugar dos elementos: encontrar el trabajo ideal y deslomarse. Solo así podrás sentirte realizado.

Te hacen creer que el dinero no es el fin, sino la consecuencia de dos factores: un trabajo afín a tu personalidad y un esfuerzo continuado y entregado. La idea es convencerte de que tu felicidad pasa inexorablemente por ahí. Como anzuelo no dejan de publicitar historias grandiosas y estupendas de señores excepcionales que ejemplifican esta filosofía de vida. Quieren hacernos creer que con estos dos elementos se podría alcanzar el sueño americano y ponen de ejemplo algunos de los grandes imperios empresariales que tuvieron en cuenta estos factores para alcanzar el éxito. Historias como la de Steve Jobs, Bill Gates, Amancio Ortega... sirven de cebo para poder digerir mejor esta filosofía de vida donde el triunfo se circunscribe al rendimiento laboral favorable.

El problema es que ahora, en pleno siglo XXI, estamos comulgando con estas ruedas de molino y se han aunado esos dos componentes que parecen ser obligatorios para todo aquel que quiera ser feliz. El primero, convertir tu vocación en trabajo y así alcanzar el lema más deseado del mundo laboral: encuentra un trabajo con el que disfrutes y no tendrás que trabajar nunca más. El segundo factor tiene que ver con la remuneración: hacer lo que te apasiona con perseverancia y tesón te aportará ese dinero ansiado. Estos dos elementos, la pasión laboral y el dinero, parecen ser la nueva panacea para la felicidad. Por eso hemos de tener mucho cuidado a la hora de asimilar estos sueños.

HEFESTO Y AFRODITA. PENSANDO EN EL MÉRITO O EL MÉRITO DE PENSAR

Lo normal sería decir que en una sociedad donde el capital es el eje sobre el que pivota el mundo, el modo en el que accedemos a este capital será el centro de nuestros desvelos. Lo lógico sería pensar que el estatus del trabajo debería asociarse con el correspondiente salario. Pero sabemos que no siempre es así, hay trabajos que tienen una carga emocional importante y una implicación social que además están bien observados en el estatus social, y sin embargo no son los mejores pagados. Pero el hecho de que exista el esnobismo laboral está asociado a un elemento que ha logrado incrustarse en nuestro ideario inconscientemente y pasando desapercibido: la falsa idea de meritocracia.

Si consideramos relevante un determinado puesto de trabajo es porque creemos que existe una posibilidad real de que cualquiera tenga la oportunidad de obtenerlo. Es decir, hay una especie de idea meritocrática en la escala laboral que nos hace pensar en el mérito individual a la hora de haber logrado situarse en esa posición. En las últimas dos décadas estamos asistiendo a un fenómeno singular en el desarrollo del mundo profesional muy interesante de analizar: el *coaching*. El *coaching* tiene dos esferas de actuación diferentes: la principal y originaria está enfocada al sector empresarial y a colectivos. Son empresas donde un *coach* (o equipo de *coaching*) es contratado por las compañías para estimular a los trabajadores y formar un «equipo humano», en el que todos se sientan parte de una familia, se conozcan, creen lazos de confianza..., con el único objetivo de que esto repercuta directamente en los resultados de productividad de la empresa.

Pero la otra esfera es la evolución de un *coaching* motivacional individualista. Este *coaching* se puede hacer con asesores personales o, lo que está más de moda y se consume más, con mensajes en torno a la importancia de la motivación y el esfuerzo. En algunos casos es tremendamente dañino para la educación de una personalidad equilibrada. Nos invaden miles de mensajes a través de todos los canales posibles, diciéndonos que tenemos que estar motivados y que nuestros sueños se alcanzan esforzándonos constantemente, que hemos de salir de nuestra zona de confort (en lugar de construirla y disfrutar de la misma), que hay que focalizar nuestros esfuerzos en ser felices en el desarrollo de nuestra actividad laboral porque, como los grandes popes motivacionales dicen: «Tenemos que encontrar aquello que nos apasiona y dedicarnos en cuerpo y alma a eso» de cara a lograr la felicidad.

Esto significa que las personas que están motivadas y se esfuerzan mucho podrán alcanzar sus metas, pero esto no es así. Me atrevería a decir que en la mayoría de los casos esta sentencia no se cumple, y este fracaso proviene de una falsa idea de meritocracia unida a un concepto de igualdad dañino. Es como decir que cada uno tiene lo que tiene y ha logrado lo que ha logrado porque se lo merece. Que el principal factor a tener en cuenta en el desarrollo de la vida de una persona es su esfuerzo, su tesón, su perseverancia, su ilusión y sobre todo su motivación, más un mínimo de cualidades personales. De modo que si no has logrado un estatus social de ingresos económicos buenos, o un nivel de vida de clase alta, gran parte de la culpa de este resultado la has tenido tú. Porque, según este ideal, todos tenemos las mismas oportunidades.

Hay un mensaje que habla constantemente de la igualdad de oportunidades para todos, y si esto es así, entonces la diferencia está en el mérito de cada uno, en merecer esas oportunidades. Si no desarrollas un pensamiento crítico autónomo, este tipo de mensajes harán que te sientas mal contigo mismo. Si hacen mella en ti, lograrán que te decepciones. Son ese tipo de eslóganes donde se presentan a las personas como únicas dueñas de su destino, sobre todo en lo referente a lo laboral y a la posición social.

Con solo detenernos a pensar un segundo nos damos cuenta de que el tema de la igualdad de oportunidades no es tan obvio. Que no es lo mismo nacer en un entorno pobre, con una determinada clase de estímulos sociales y culturales, educarse en el centro educativo de barrio marginal, y vivir y experimentar una filosofía de vida, que haber nacido y crecido en un entorno rico de clase social alta. Estas personas no tienen las mismas oportunidades que aquellos que crecen en un barrio de lujo, rodeados de otros modelos de vida diferentes, acudiendo a centros educativos privados con una oferta más extensa y perteneciendo a familias pudientes. Con un nivel de contactos y una agenda que suelen ser de gran ayuda a la hora de encarar el futuro.

Las probabilidades que la vida les ofrece a estas dos personas son cualquier cosa menos iguales, en un caso existen más oportunidades que en otro. El problema está cuando pensamos y nos creemos el mensaje de que tenemos y somos lo que nos merecemos, cuando creemos en el merecimiento y la meritocracia, porque muy pocas personas logran cumplir con las «altas» expectativas vitales que se proponen, y el resto tenemos que lidiar con la vida tal y como se presenta. Tenemos que aprender a ser felices dentro de la vida que llevamos y saber que no siempre somos responsables de no alcanzar el culmen del estatus social.

A este mensaje se le suma otro que lleva más de 2000 años pululando a través de la historia de la humanidad, y es aquel que defiende que el trabajo dignifica al hombre. Así, en el libro de Hesíodo *Los trabajos y los días*, encontramos frases tan interesantes como esta:

> «Los dioses tienen oculta la vida a los hombres; si no, fácilmente trabajarías en un solo día lo bastante para tener hacienda todo el año, sin necesidad de proseguir la faena. Pronto colgarías el timón bajo el humo (agricultura) y se acabarían trabajos de mulos y de bueyes incansables».

Este es el comienzo del mito de Pandora que nos narra Hesíodo, donde ya se reconoce la necesidad de trabajar, pero un poco más adelante, el propio Hesíodo habla así al respecto del zángano en el trabajo, en un apartado que titula «Virtud y trabajo»:

«Es el hambre habitual compañera del varón inactivo. Dioses y hombres se irritan con aquel que vive inactivo, semejante en su índole a los zánganos rabones… Por sus trabajos son los hombres ricos en rebaños y opulentos, y trabajando serás mucho más querido de los Inmortales y de los mortales, pues mucho aborrecen a los inactivos. El trabajo no es ningún oprobio, la ociosidad sí que es oprobio. Si tú trabajas, pronto te envidiará el ocioso en tu riqueza, a la riqueza acompaña siempre excelsitud y gloria».

El trabajo siempre ha estado relacionado con el estatus y la aprobación social. Según estas palabras de Hesíodo, por el trabajo llegarás a ser envidiado. Y también parecía que estaban de acuerdo con la meritocracia, ya que pensaban que con trabajo y esfuerzo conseguirían hacerse ricos y codiciados.

No es el único canto al trabajo que encontramos en la Antigüedad griega. Por poner otro ejemplo, podemos echar mano de uno de los referentes más importantes de la cultura grecolatina: Homero. En su *Himno a Hefesto* (Vulcano en la mitología romana), le da las gracias a este dios por haber liberado al hombre de vivir en cuevas y traer el progreso por medio de trabajos espléndidos:

> «Canta, Oh musa melodiosa, a Hefesto, célebre por su inteligencia, a aquel que justamente con Atenea, la de los ojos de lechuza, enseñó acá en la tierra trabajos espléndidos a los hombres, que antes vivían en las montañas, dentro de cuevas, y ahora, gracias a los trabajos que les enseñó Hefesto, el ilustre artífice, pasan agradablemente el tiempo, durante el año, tranquilos en sus casas».

Por si fuera poco, la propia historia de Hefesto parece apoyar el argumento de que esforzándose, trabajando y siendo un experto en lo que haces, puedes conseguir cualquier cosa, incluso casarte con la mujer que amas. Se cuenta que Hefesto, que nació deforme, feo, cojo y tullido, tenía un don para la herrería, era un herrero espectacular. Al parecer Hefesto fue hijo de la diosa Hera (existen distintas versiones sobre su genealogía. En unas, Hera aparece como la única progenitora que decidió engendrar a Hefesto para vengarse de Zeus, que había engendrado en solitario a Atenea. En otras versiones aparece Zeus como el padre de Hefesto), que al ver a un bebé tan feo y deforme, lo decidió arrojar desde el Olimpo a la tierra. Hefesto se crió con las nereidas en la isla de Lemnos, donde aprendió artesanía y a manejar los secretos de la fragua, que terminó granjeándole una merecida fama.

Fue él el que realizó las armas de todos los dioses. Pero durante sus años de aprendizaje y formación Hefesto no olvidó el desprecio de los dioses al ser expulsado del

Olimpo, de manera que dedicó mucho tiempo a planear su venganza. Sería la propia Hera la que más adelante, admirada por la artesanía y habilidades de Hefesto para el metal, le encargó un trono de oro y diamantes para su palacio. Hefesto, para vengarse de ella, realizó el trono de tal manera que cuando la diosa se sentase, quedara atrapada para siempre, y así sucedió. Los dioses le pidieron el favor de liberarla y Hefesto accedió con la condición de casarse con la diosa de la belleza, Afrodita. Zeus le concedió el deseo con tal de ver a Hera liberada del trono y Hefesto, deforme y feo, logra casarse con la diosa más bella del Olimpo, todo debido a su destreza (unido a una inteligente venganza) y su habilidad profesional. Gracias a sus méritos como herrero y sabio conocedor del fuego, ningún reto técnico le resultaba imposible. De entre las muchas moralejas que se pueden extraer de historia mitológica, podríamos quedarnos con esa que dice que el estatus social logrado por el trabajo te puede reportar cualquier otro bien que desees, incluso a la mujer de la que te enamoras.

No es un mensaje exclusivo de la sociedad liberal actual el pensar que los que están arriba de la escala social lo están por sus méritos, y este pensamiento deriva en otro que es realmente dañino. Es aquel que concluirá que, si los que están en el top lo están por méritos propios, entonces, los que están en el fondo también lo están por eso mismo.

Tenemos que activar el interruptor del pensamiento crítico para darnos cuenta de que hay millones de personas que se esfuerzan a diario, y además son talentosas, pero que no llegan nunca a estar en lo alto de la escala social. Esto ocurre porque ese lema que nos venden desde los púlpitos del liberalismo económico sobre que el hombre triunfador es el resultado de la perseverancia y el talento no es cierto para la mayoría de nosotros. Existen muchos factores alternativos que influyen en la subida del escalafón social de los que no tenemos control, que no podemos condicionar: una agenda de contactos adecuada, la educación recibida, una endogamia consustancial al género humano, un golpe de suerte... No podemos olvidar contextualizar cada caso, situarlo en su marco y no dejarnos engañar por esas frases que dicen que el destino está en tus manos.

Para cerrar este apartado permítanme un breve escorzo sobre el elitismo y el esnobismo en lo referente al mundo de la filosofía. Dentro de la historia de la filosofía encontramos también esnobismo a la hora de presentar teorías. Algunos filósofos se han decantado por una especie de profesionalización de una parte de la filosofía. Han decidido investigar y estudiar solo y exclusivamente para otros filósofos. Su objetivo no es acercar las posturas filosóficas a la sociedad, ayudarla a entender mejor el mundo, o mostrarles en qué consiste llevar una buena vida. Estas personas son los academicistas. No hacen por bajar el nivel intelectual de sus discursos para que lleguen a más gente, sino que se suben a una cima desde la que exponer sus teorías. Todo aquel que quiera entenderlas tiene que aprender a escalar a un nivel profesional. Esta filosofía academicista logró imponerse ante la filosofía práctica y ha generado rechazo y animadversión ante el pueblo, que nunca llegó a verle utilidad al conocimiento que ellos predican desde su atalaya de saber.

Otros, por el contrario, acercaron la filosofía al pueblo, bajaron de la montaña y olvidaron la actitud esnob que bien podrían haber tenido. Filósofos como Ortega y Gasset, quien defendía que «la claridad es la cortesía del filósofo», o el propio Sócrates, que mostraba cierto desprecio intelectual solo ante los que se negaban a razonar, decidieron no participar del esnobismo intelectual, ese que se tiene hacia los que no poseen las mismas «habilidades intelectuales que ellos», hacia los que no son capaces de comprender líneas argumentativas especializadas que requieren años de estudio y un vocabulario muy específico, alejado del habla común.

La filosofía, desde el momento en el que sus profesionales se circunscribieron al ámbito académico-elitista, se desgajó de la vida, de la realidad, y miró con aires de grandeza al resto de los mortales. Dejaron de ser filósofos para convertirse en estudiosos de la filosofía, en simples comentaristas.

Por suerte, el género humano siempre está necesitado de orientación y de ayuda a la hora de diseñar modelos de buena vida que se adapten a cada periodo histórico. Precisamente por esto, todavía existe una parte de la filosofía, representada por otros filósofos, que sigue operando a nivel de usuario y procurando ser útil a la sociedad.

AMANCIO ORTEGA. EL VIRUS DE LA FALSA ESPERANZA

Este es otro problema del siglo XXI, ligado al de la falsa idea de meritocracia y de igualdad. Si el sistema ha logrado persuadirte de que la igualdad de oportunidades es real y que tú estás en las mismas condiciones que cualquier otro para conseguir el éxito laboral y escalar en el estatus social, entonces es muy probable que te hayan infectado con el virus de la falsa esperanza. Si además te han convencido de que las personas tienen lo que merecen, en función de su esfuerzo y cualidades, entonces es muy probable que también creas que puedes lograr cualquier cosa que te propongas en la vida, como, por ejemplo, ser un joven emprendedor y valiente, proveniente de una familia humilde, con un nivel cultural medio, adoptado por un matrimonio sin estudios universitarios, y llegas a pensar que hay posibilidades de ser uno de esos empresarios exitosos gracias a la igualdad de oportunidades, la libertad, tu tesón y esfuerzo, tus cualidades..., y si además tienes un garaje en el que comenzar el negocio sin gastos, ya tienes medio camino hecho. Este es el caso de Steve Jobs, el famoso empresario de Apple, que suele usarse como paradigma e incentivo.

Los símbolos distintivos del estatus económico que antes delimitaban la clase social están desapareciendo, se han relajado. Los coches de alta gama empiezan a ser sustituidos por coches ecológicos de gama media; la ropa de alta costura se cambia por camisetas, *jeans* y zapatillas; los relojes caros han perdido su razón de ser. Los nuevos ricos al hacer apariciones públicas no exhiben ostentosamente su potencial económico, transmitiendo una falsa sensación de igualdad. No deja de ser paradójico que el teléfono móvil más reconocido del mundo, el iPhone, lo utilicen estrellas del mundo del espectáculo, deportistas de élite con sueldos multimillonarios, líderes empresariales y también personas de clase social baja que lo pagan a plazos y que llevan en su bolsillo el mismo objeto que estos.

Esta relajación en la simbología estética de clases sociales potencia la (falsa) idea de igualdad que impregna la creencia popular. Surge en nosotros la esperanza de que podemos ser como ellos, que podemos alcanzar la cima del éxito social y empresarial. Una esperanza que nace casi sin darnos cuenta y nos infecta a través de imágenes y mensajes multinacionales con los que nos sentimos cada día más identificados. Es decir, te inoculan el virus de la esperanza hasta el tuétano y lo hacen de manera tan magistral que ni siquiera notas el pinchazo.

El Sistema sabe muy bien lo mucho que le beneficia la expansión masiva de este virus, que se ha expandido a lo largo de la historia, pero que con la llegada de la globalización ha mutado en una cepa más dañina. Durante gran parte de nuestra historia, la movilidad entre clases estaba muy limitada y además los mecanismos para conseguirlo eran muy claros, de modo que la esperanza de cambiar de estatus social era débil. Siendo así, depositaban sus ilusiones en otras cuestiones, como tener buena salud, un feliz matrimonio, un sustento asegurado...

El siglo XXI nos ha hecho creer que la movilidad entre clases sociales es posible, y además creemos que es real, porque «conocemos» gente que la ha logrado. Pero claro, cuando hablamos de «conocer», es muy probable que nos estemos refiriendo a un conocimiento virtual. Si nos paramos a pensar, si activamos ese interruptor del pensamiento crítico, descubriremos que esas personas excepcionales que han logrado alcanzar el éxito social no son referencias cercanas a nosotros, a pesar de que, en ocasiones, las sentimos como tal, e incluso, si me apuran, sabemos más cosas sobre ellas que sobre algunas de las personas que nos rodean.

En este apartado me gustaría hacer un breve inciso sobre el libro *CHAVS: la demonización de la clase obrera*, de Owen Jones, donde se presenta una tesis que completa nuestra teoría. Según Owen, el sistema ha logrado que nadie quiera calificarse como «clase obrera», aunque lo sea. El estigma de sentirse así es enorme, y para eso nos han hecho creer que somos clase media con un interés muy concreto. Percibirse como clase media, en primer lugar, hace que uno se valore, porque no está en lo más bajo del escalafón social. A esto se le suma un factor muy importante, y es que, si nos sentimos clase media, si creemos estar situados en la media, las posibilidades de ascenso son más fáciles que si estamos abajo. Este ascenso de escalafón social lo percibimos más cercano. Owen destaca, de manera concreta, cómo en realidad gran parte de las personas que se sienten y se creen clase media, midiendo esta posición social por los ingresos familiares, son en realidad clase baja. Personas que no llegan a los niveles de renta media, sin embargo, no se consideran de renta baja. Es decir, sienten, piensan, y lo que es más preocupante, se intentan comportar como clase media. Siendo así vivirán con la esperanza de que algún día podrán ascender, y mejorar, porque el Sistema se ha encargado de presentar como ejemplos y paradigmas de este cambio a personas normales y que parecen formar parte de nuestra cotidianidad.

¿Qué sucede cuando te engañas a ti mismo con tu condición social? Pues que al poner las esperanzas y las ilusiones en una categoría social que está más alejada de lo que tú sientes y crees, la caída, la decepción, el desánimo, el estrés, la desesperación, la ansiedad, y puede que hasta la depresión, se apoderen de ti porque percibes cercano algo que en realidad está muy lejano y es casi inalcanzable. Pero mientras tanto logran que seas productivo al máximo porque el virus de la esperanza te empuja a creer que puedes conseguirlo.

El sistema se ha encargado de que conozcamos las historias de empresarios exitosos, como Amancio Ortega, que, empezando desde cero, ha logrado un imperio. El problema está en hacerle entender al joven que acaba de terminar sus estudios de empresariales que Amancio Ortega es la excepción y que las probabilidades que él tiene de saltar de categoría social por medio de su trabajo son muy reducidas. De hecho estamos en un momento histórico tan singular que se calcula que la generación de *millenials* será la primera en tener un nivel de vida inferior al de sus padres. La realidad nos presenta una generación de trabajadores mileuristas que apenas pueden emanciparse

Como no activamos el pensamiento crítico, las universidades, las escuelas de negocios, los estudios de máster... no cesan de traer a «popes» motivacionales, oradores, *coaches*... para reforzar el virus de la esperanza, de cara a que la gente fantasee despierta y se obnubile con ilusiones que están más allá de sus posibilidades. El virus de la falsa esperanza se ha hermanado con el mundo laboral, y esto se extrapola a todos los sectores de la vida: esperanza de un matrimonio feliz, de unos hijos maravillosos, de un trabajo increíble, de unas vacaciones espectaculares...

«Persigue tus sueños», te dicen. El sueño americano es lo que pregonan, y cada día es más difícil encontrar una vacuna contra esta cepa del virus tan poderosa que termina pasando factura cuando la realidad se impone. Y esta realidad empieza a venderse con palabras tan graves como *perdedor*, o si lo prefieren usaremos otra que es más castiza: *don nadie*.

Hasta el lenguaje está mutando a favor del virus. En otras culturas, en otro tiempo, se decía que la vida te había tratado mal, es decir, que la responsabilidad no caía enteramente sobre uno mismo, sino que había acontecimientos externos incontrolables que provocaban que el resultado de tu vida no fuera el esperado. En estas culturas se usa el término *desafortunado*, es decir, no has sido tocado por la fortuna. Pero en las sociedades desarrolladas como la nuestra, el vocabulario se ha vuelto agresivo, y la suerte está desapareciendo de nuestro argot laboral y social. Terminamos cambiando a los desafortunados por perdedores. Pero no podemos olvidar que el mejor instrumento para combatir estos ataques de una sociedad que manipula el lenguaje hasta el extremo de falsear la realidad es usar el pensamiento crítico.

BERTRAND RUSSELL. PENSAR LA ENVIDIA Y LA DESGRACIA

Si nos sentimos unos fracasados corremos el riesgo de desarrollar una serie de emociones laterales que no nos ayudarán a seguir adelante con un proyecto de vida sensato. Una de las emociones más importantes que dinamita este proyecto es la envidia. La envidia es una manifestación de lo nocivo y dañino que puede ser no activar el interruptor del pensamiento crítico. La envidia se mueve, como veremos más adelante, entre el intento de negar los bienes, el placer y la felicidad a los demás, unido al hecho de poseer lo que ellos poseen.

Pero se inclina más por lo primero que por lo segundo. Si no activamos el interruptor, desearemos cosas que otros desean, importaremos objetos de deseo del exterior, por lo que, al lograrlo, el nivel de satisfacción no será óptimo. Si deseamos que las personas que conocemos no tengan aquello que les hace felices, terminaremos dándonos cuenta de que el hecho de negárselo y privarles de su felicidad no es condición para la nuestra.

Si hacemos la suma de los factores que hemos estado analizando, es decir, la idea y convencimiento de un amañado y falso igualitarismo, la creencia en una idea de meritocracia y la esperanza de que puedes alcanzar cualquier lugar del escalafón social sin importar el punto de partida, entonces, de manera inevitable, surge, florece y se asienta en nosotros una de las emociones más dañinas, y me atrevería a decir, inevitables, de la condición humana: la envidia.

Hemos aumentado exponencialmente el sentimiento de envidia gracias a esta falsa idea de igualitarismo. Como acabamos de apuntar, mucho han contribuido, seguramente sin darse cuenta y de manera poco intencionada, los grandes referentes sociales del mundo empresarial como Steve Jobs o Mark Zuckerberg, cuando al mostrarse en público aparecían vestidos y ataviados con la misma ropa que cualquiera de nosotros llevaríamos en un día normal.

Si hacemos caso de Bertrand Russell, tenemos que decir que cuando las clases sociales eran fijas la envidia entre estratos no existía: «En las épocas en las que las jerarquías de las clases sociales eran fijas las clases bajas no envidiaban a las clases altas».

Claro, esto no quiere decir que tengamos que volver a los compartimentos estancos y la inmovilidad social, ni mucho menos, pero tenemos que activar el interruptor del pensamiento crítico cuando vemos a multimillonarios y triunfadores vestidos con unos vaqueros, una camiseta, una sudadera, unas zapatillas de deporte normales, un reloj vulgar..., es decir, se presentan al mundo como gente normal, con la que te podrías llegar a sentir identificado, falsificando la realidad.

Bertrand Russell escribe a principios del siglo XX (más de cien años ya) las siguientes palabras sobre la envidia:

«Entre todas las características de la condición humana normal, la envidia es la más lamentable; la persona envidiosa no solo desea hacer daño y lo hace siempre que puede con impunidad; además la envidia la hace desgraciada. En lugar de obtener placer por lo que tiene, sufre por lo que tienen los demás. Si puede, privará a los demás de sus ventajas lo que para él es tan deseable como conseguir esas mismas ventajas para sí mismo».

Si nos centramos en este último dato y analizamos las estadísticas de suicidio de los países desarrollados, estamos forzados a concluir que no estamos enfocando bien el proceso de educación moral, social y personal. Algo estamos haciendo mal para que las personas que tienen sus necesidades vitales más que cubiertas, y toda una vida por delante, se sientan tan fracasadas, tristes, desesperanzadas…, de modo que, año tras año, aumente el porcentaje de suicidios. Un suicidio que, en ocasiones, es la manifestación de sentirse el único responsable de las cosas que a uno le han pasado, de no haber logrado los objetivos que soñaba, de sentir que la derrota que sufre, sea la que sea (laboral, emocional, social…), solo es atribuible a él. Es la dañina idea del fracaso como responsabilidad totalmente propia, incrustada en un vacío irreal donde no existen agentes externos a ella, ni circunstancias vitales, ni contextos…

ENVIDIA 3.0: LO QUE FACEBOOK SE LLEVÓ

La envidia siempre ha estado destinada a personas cercanas, a conocidos, a gente con la que uno se puede comparar o sentirse medianamente identificado. Pero con la globalización y el uso de las nuevas redes sociales, resulta que hemos aumentado el número de relaciones, de amigos de nuestros amigos, de modo que también hemos incrementado la posibilidad de envidiar. Por si fuera poco, en estas nuevas redes sociales como Facebook, las personas falsean la realidad (o la presentan de manera muy parcial), cuando lo que en ellas se publica son momentos muy interesados, donde reflejan la aparente parte maravillosa de sus vidas, de su supuesta cotidianidad. Todos riendo, sonriendo, viajando, divirtiéndonos, mostrando nuestras mejores caras, nuestras mejores poses, nuestros mejores perfiles. Y claro, cuando abrimos en verano Facebook y vemos a todos esos conocidos presumiendo de unas maravillosas vacaciones, y tú estás en Córdoba, a 45 grados, entonces te invade una sensación de fracaso y desánimo, mezclada con envidia, que machaca cualquier intento de sentirte bien y feliz con tu situación.

El muro de Facebook (lo uso como paradigma y ejemplo de este tipo de redes sociales, pero me valen todas las que engloban de fondo el mismo concepto) necesita que el interruptor del pensamiento crítico esté encendido constantemente, de lo contrario es tremendamente dañino para nuestra felicidad y estabilidad emocional. El 21 de mayo del 2017, el periódico *El País* publicaba un artículo que titulaba «Instagram, la peor red para la salud mental de nuestros jóvenes», donde exponía el daño que causaba esta red cuando se usa «descerebradamente», generando ansiedad y depresión.

Todos intentamos ofrecer una imagen ideal de

nosotros y de nuestras vidas, de nuestros hijos, de nuestro trabajo…, todos intentamos escribir reflexiones muy acertadas, a veces divertidas, a veces profundas… El problema, cada vez que usamos estas redes sociales, es que no analizamos lo que realmente nos muestran nuestros conocidos en sus muros. Y claro, al tener a tantos conocidos que exponen su idealizada vida, no podemos reprimir un sentimiento de envidia hacia lo que exhiben.

Antes apenas envidiabas a unas cuantas personas con las que habías crecido y tenías contacto, o algunas nuevas que conocías durante el trayecto de la vida y sabías de sus realidades. Pero ahora la cosa cambia, las redes sociales, si no hemos logrado desarrollar un aparato crítico que analice y nos predisponga emocionalmente a usarlas, son una fuente de insatisfacción y envidia muy importante. Por eso es primordial si decidimos aventurarnos a usar estas redes sociales o a dejar que nuestros hijos lo hagan, asegurarnos previamente de que somos plenamente conscientes de lo que allí vamos a encontrar… Tenemos que dejar que la razón sea la que imponga el sentido común, sabiendo que en realidad todo lo que se suele mostrar es virtual, y así, el sentimiento de envidia será medianamente sofocado.

ENVIDIA COCHINA

Puestos a distinguir entre los distintos tipos de envidia, podríamos reducirlos a dos, la sana y la insana, y aunque en realidad estos dos modelos no son otra cosa que un eufemismo, existen dos maneras diferentes de sentir envidia. La envidia sana está relacionada con tus aspiraciones personales, es aquella que al sentirla te impulsa a que te esfuerces por alcanzar el mismo objeto o estatus que estás envidiando.

Esta envidia sana es sencilla, ves que alguien ha logrado algo que a ti te gustaría lograr, que además crees y sientes que es factible para ti y te pones manos a la obra para conseguirlo.

La envidia sana se puede producir de dos maneras. La primera es la que tienes cuando alguien cercano logra alcanzar objetivos que tú te has propuesto, eres testigo de que otras personas logran conseguir tus sueños. En este primer sentido, si al final también alcanzas ese sueño, entonces el grado de satisfacción será grande porque el objetivo ha sido trazado previamente por ti. Es una envidia que no te envenena y además te provoca una inmensa felicidad cuando consigues aplacarla porque has logrado igualarte a las otras personas que envidias, pero sobre todo has conseguido superarte a ti mismo. Es como cuando entrenas con otros compañeros de equipo para llegar a jugar en primera división y de repente os convocan a tres jugadores para ascender al primer equipo. Te vuelves loco, y el hecho de que otros dos hayan sido convocados no le quita satisfacción a tu éxito. Es por lo que llevas luchando toda tu vida y entrenando, incluso cuando veías a compañeros que triunfaban antes que tú nunca tuviste un sentimiento de envidia cochina, sino todo lo contrario, de admiración.

El segundo tipo de envidia sana, que sin embargo no es tan reconfortante, es el que se produce cuando de repente deseas algo que has visto a otra persona y, hasta ese momento, no te habías planteado que tú lo deseabas. En este segundo caso la envidia cambia, principalmente porque el objeto u objetivo de envidia no había sido previamente seleccionado por ti. No parte como una inquietud anterior que ya estaba latente desde hacía tiempo. Todo lo contrario, ese objeto de envidia parte del exterior hacia nosotros, queremos lograr lo que otros han logrado porque creemos que nos hará felices, que provocará que nos sintamos mejor, o simplemente deseamos tener o experimentar lo que otros tienen pero que, hasta ese momento, no habíamos sentido la necesidad de tener. Entonces nos ponemos manos a la obra para lograr ese objetivo. Pero lo que no sabemos es que, por lo general, al conseguirlo, el grado de felicidad o satisfacción no es tan alto como esperábamos. Por sacarle algo positivo, este segundo caso de envidia sana nos sirve como refuerzo de la autoestima si logramos el objetivo propuesto, pero no es tan útil a la hora de medir la intensidad de nuestra felicidad y satisfacción, puesto que es una envidia que parte del exterior hacia nosotros, y no es una necesidad generada del interior hacia fuera. En la mayoría de los casos, el objeto de envidia no es lo que el otro posee, sino el sentimiento de felicidad que el otro proyecta.

El problema brota cuando sufrimos lo que en España denominamos «envidia malsana» o «envidia cochina». En estos casos la envidia aparece para envenenarte por dentro, porque piensas que los demás no son merecedores de sus logros, de sus posesiones, de la vida que llevan, de la pareja que han elegido, de los hijos que tienen, del trabajo que ejercen... Han tenido mucha suerte, porque, según tu visión de la vida, ellos no han hecho ningún mérito para estar como están, o bien ha sido cuestión de suerte. Es decir, esta envidia malsana la has interiorizado como la manifestación de un proceso de injusticia, del que unas personas se han beneficiado de una manera completamente ilegítima. Sientes que la balanza del esfuerzo, el mérito, y la recompensa se ha desequilibrado de manera irracional e injusta hacia personas que piensas que no son merecedoras de nada de lo que tienen. Entonces envidias dos cosas: una es lo que han conseguido y otra es la suerte que crees que han tenido y que te gustaría que fuera tuya. Como en tu fuero interno se ha quebrado la idea de meritocracia y de (falsa) igualdad, entonces lo que deseas es que a esas personas les arrebaten sus logros y posesiones. Ya no envidias con el objetivo de tener tú, de poseer tú, o de alcanzar sus logros.

Ahora tu envidia (cochina) se centra en que las personas que, desde tu criterio, no son merecedoras de lo que tienen, sean despojadas de ello para poder volver a creer en la balanza de la igualdad, de la justicia y de la meritocracia para que todos podamos estar en el mismo punto de partida. Este tipo de envidia te envenena, porque tu objetivo, tu única obsesión es desposeerlos de lo que tienen. Esta envidia malsana se centra en quitar en lugar de obtener, se focaliza en el otro, en vez de en uno mismo, y es la peor de todas porque aumenta la insatisfacción a sus niveles más altos.

PENSAMIENTO VISUAL: EL CASO DE BUTÁN

En muchas ocasiones la envidia usa como principal instrumento la imagen. Las redes sociales tipo Facebook o Instagram hacen uso indiscriminado de imágenes. El poder de la imagen se ha multiplicado exponencialmente con la globalización, pero sobre todo con la invasión de las pantallas. Lipovetsky dedica un capítulo en su libro *La pantalla global* a lo que él denomina «la omnipantalla». Estamos rodeados de pantallas desde que nos levantamos hasta que nos acostamos. La cotidianidad ha sido tomada por una infinidad de pantallas a las que dedicamos demasiada atención. La pantalla en torno a la cual giraban nuestras vidas antes de la globalización, la televisión, ha cedido su trono a la pantalla del móvil que llevamos en los bolsillos, a las pantallas de las tablets, a las pantallas de los ordenadores, a las pantallas informativas y publicitarias de las ciudades, a las pantallas que se encienden y se apagan a diario en las aulas de los colegios, institutos, universidades...

Con la proliferación de las pantallas, no ha llegado la preparación mental para poder hacer un uso correcto de las mismas. Nuestra manera de mirarlas apenas ha cambiado en lo referente a la educación visual, sin embargo su lenguaje ha evolucionado. Dependiendo del soporte de pantalla su formato es totalmente distinto. Este lenguaje deriva de la intencionalidad de cada pantalla y del modelo de transmisión del mensaje. Sin embargo, esta invasión no ha venido acompañada de ningún modelo educativo que centre su atención en aprender a mirar las pantallas, en aprender a distinguir los tipos de lenguaje que utilizan. No es de extrañar que si ponemos la misma actitud, atención y le damos la misma credibilidad a la pantalla de nuestros móviles que a la del ordenador, o a la de la televisión, entonces estaremos cayendo en una incultura visual, algo que está a la orden del día.

No estamos educando críticamente al consumidor de pantallas, no estamos formando a las personas para que se acerquen a estas con el aparato crítico activado. Las consecuencias son cada vez más evidentes, aumentan enfermedades como la anorexia o la bulimia porque, entre otros factores, no tenemos la capacidad de analizar debidamente las imágenes. Aumentan las depresiones y el estado de insatisfacción cuando consumimos imágenes virtuales retocadas con programas de ordenador, donde todo el mundo aparenta llevar una vida idílica.

Las imágenes penetran en nuestro córtex cerebral sin apenas resistencia, tienen la ventaja de impactar emocionalmente a nuestro yo más interno, sin pasar ningún filtro que nos ayude a realizar un análisis de las mismas. Por seguir con el tema de las redes sociales, si no prestamos atención crítica a lo que en ellas vemos, terminaremos sufriendo las consecuencias de la envidia, entre otras muchas cosas, que nos pasarán una factura emocional. Los dueños de las redes sociales saben muy bien el poder que tienen las imágenes, limitando el texto, de manera que el ojo sea el que envíe la información directamente al lado emocional.

Para ejemplificar este poder de la imagen usaremos el país de Bután, que durante mucho tiempo ha ocupado los primeros puestos en el *ranking* mundial de ciudadanos felices. De hecho, la política de sus gobernantes, desde 1971, se ha centrado en el desarrollo de la Felicidad Nacional Bruta, en lugar del Producto Interior Bruto. Intentaban que sus ciudadanos fueran lo más felices posible, potenciando las relaciones sociales, a través de fiestas nacionales y locales, teniendo una buena sanidad pública, una buena educación pública, y cuidando las tradiciones. A esto se le sumaba que hasta 1999 la televisión no había hecho acto de presencia en este pequeño país, que se encuentra en el Himalaya.

Pero con la llegada de la imagen virtual, de la televisión, todo esto se trastocó. Es sintomático que incluso los gustos estéticos, y sobre todo los culturales, en apenas un suspiro, cambiaron radicalmente, y los ciudadanos de Bután empezaron a sentirse desgraciados e infelices. La mujer de Bután tenía el rol de mujer fuerte, capaz de colaborar con las tareas de agricultura y ganadería, salía de su hogar para ayudar, al mismo tiempo que era capaz de sacar a la familia adelante. Los hombres de Bután se enamoraban de este perfil de mujer. De repente empiezan a consumir la televisión. Una sociedad tranquila, de religión budista y tradicional en sus costumbres sufre una invasión de pantallas y de imágenes para la que no estaba preparada. El *shock* social, cultural y psicológico fue más fuerte de lo esperado, y los índices de felicidad de los ciudadanos de este país cayeron en picado en apenas dos años como consecuencia del consumo de la imagen televisada. A los hombres de Bután dejaron de gustarles sus parejas, y el modelo estético y social de mujer que tenía se quedó, del día a la noche, desfasado. Los hombres dejaron de ver atractivas a sus mujeres, y las mujeres también dejaron de sentirse guapas al compararse con las modelos y actrices que emergían en las pantallas.

El poder de la imagen virtual trastocó la estabilidad psicológica, la cultura y el modelo de felicidad de una sociedad que tenía asentados sus criterios y valores. En los análisis que se han realizado del fenómeno de Bután, encontramos uno relacionado con la educación budista y el modo en el que los ciudadanos de Bután comprendían el mundo. Para el budismo, la imagen genera directamente un deseo, y el deseo provoca una insatisfacción hasta el momento en el que este se consuma, de modo que la llegada de millones de imágenes diarias que emitía la televisión provocó en esta población un malestar de deseos insatisfechos, una infelicidad estimulada por el hecho de no estar preparados para asimilar los efectos de la imagen-pantalla.

LA ADMIRACIÓN COMO ANTÍDOTO

Russell ofrece otra solución para intentar no dejarse arrastrar por el sentimiento de envidia: abandonar el hábito de pensar por medio del modelo de comparaciones. Tenemos que centrarnos en nosotros y en las cosas buenas que nos pasan.

Imaginemos que estamos en vacaciones, puede que no sea en una playa del Caribe, donde se fue nuestro vecino, o en el crucero del que siempre habla el compañero de trabajo, o en el chiringuito de la foto del muro de Facebook de tu amigo, pero si piensas con el hábito de la comparación, entonces no te centrarás en tus vacaciones, sino en las de los otros. Igual estás en Córdoba porque el dinero o las circunstancias no te permiten irte de vacaciones, y sales esta noche a tomarte unas cañas en una de las terrazas de la Ribera, disfrutando de unas tapas a la orilla del río, pasando un buen rato, con buena conversación y amigos, o con tu pareja, o con la familia. La clave en ese momento es centrarte en lo que estás haciendo, potenciar el agradable rato que tienes delante, sentirte bien. En el fondo se trata de evitar comparar tu situación con la de otros que hacen lo mismo que tú, pero en la playa de Bolonia o en Isla Canela. El hábito de pensar comparándonos es problemático. Así lo dice Russell:

«Para el sabio, lo que se tiene no deja de ser agradable porque otros tengan otras cosas. En realidad la envidia es un tipo de vicio en parte moral y en parte intelectual, que consiste en no ver nunca las cosas tal y como son, sino en relación con otras cosas».

El mismo Bertrand Russell pone la solución a este sentimiento tan destructivo tanto para nosotros mismos como para los demás. Esa solución es la admiración:

«Quien desee aumentar la felicidad humana debe procurar aumentar la admiración y reducir la envidia. [...] La única cura contra la envidia en hombres y mujeres normales es la felicidad, y el problema es que la envidia constituye un obstáculo para la felicidad».

Tan simple y evidente, si quieres ser más feliz solo tienes que activar ese interruptor del pensamiento crítico y pensar bien. Pensar que el hábito de comparar puede ser dañino y no suele aportar felicidad a tu vida, y que para evitar comparar, el mejor ejercicio es centrarse en uno mismo, buscar y degustar lo bueno de cada situación. Si además eres capaz de admirar más y envidiar menos, entonces el camino hacia la felicidad es mucho más fácil.

SADISMO SOCIAL: LA CULPA

Tenemos que construir un orden de prioridades y es aconsejable que sean las menos posibles, es decir, es importante tener claras algunas prioridades en la vida, pero que sean pocas, y sustituir las pretensiones fútiles por realidades palpables. Somos personas que exigimos constantemente, incluso a nosotros mismos, y lo hacemos durante todo el tiempo. Juzgamos a los demás y a veces de manera severa.

El nivel de exigencia, en casi todas las parcelas de la vida, es tan alto que no somos capaces de rebajar esta tensión hacia nosotros, y nos hemos convertido en verdugos de nuestra propia identidad. La sensación de felicidad que solemos buscar en lo cotidiano es la de una felicidad superficial porque cuando hacemos un análisis sobre nuestra vida centramos la atención en los defectos y en las necesidades que tenemos que rellenar antes que en las virtudes o en las satisfacciones de lo que poseemos o de lo que hemos logrado.

Sin darnos cuenta hemos interiorizado un modelo de felicidad perfecto de cara a la galería y nos hemos fijado metas muy altas sin tener en cuenta el sufrimiento que nos imponemos. Las consecuencias están a la orden del día, la depresión es la manifestación más palpable de esta sensación de infelicidad que nos invade. Pero esta infelicidad que procede de una adulterada versión de autoexigencia, tiene solución, siempre que sepamos activar el interruptor del pensamiento crítico.

Sentirse a gusto con uno mismo es la base de la felicidad, pero tenemos que distinguir entre sentirse bien con uno mismo y ser un conformista por miedo a no alcanzar nuestros objetivos. Muchas personas se flagelan moral e intelectualmente porque tienen una imagen ideal del hombre o de la mujer que les gustaría ser, y cuando se analizan, se dan cuenta de que están muy lejos de esa imagen. Bertrand Russell afirma que este sentimiento de infelicidad y desgracia procede de ser muy severo con uno mismo, con ese ideal que cada uno ha proyectado en su interior. Entonces la única solución es relajar esta atención que se tiene sobre uno mismo y poner el foco fuera de sí. No deja de ser paradójico que durante la historia de la filosofía siempre se haya insistido en la importancia de «conocerte a ti mismo» para alcanzar una vida plena y equilibrada, y que ahora, después de este bombardeo, resulte que la solución que Russell propone para todos aquellos «desdichados cuya absorción en sí mismos es tan profunda que no se puede evitar de ningún otro modo» sea la de tener una disciplina de atención hacia el exterior, centrarse en lo que está fuera de ti, distraer la atención de ti mismo.

En muchos tratamientos contra la depresión o la ansiedad, la dificultad principal de algunos sujetos está en identificar el origen del problema. En algunos casos no es otra cosa que haber sido demasiado autoexigentes, intentando alcanzar a ese yo ideal que hemos prefabricado. Son personas que están en constante desaprobación con ellas mismas porque creen que deberían ser de otra manera y se fustigan día y noche por ello. No es fácil tratar a este modelo de persona que se siente desgraciada a pesar de que, desde el exterior, los demás no la vean como tal. No lo es porque la lucha que tiene que emprender cada uno es consigo mismo, que es la peor lucha de todas, la más dura, porque el objetivo es derrotar ese ideal incrustado procedente de miles de cuestiones ajenas y que ha logrado hacerse un hueco entre nosotros.

¿Cómo logra fabricarse este dañino ideal del yo en esas personas? La mayoría de las veces se introduce porque en su camino no ha encontrado el obstáculo del pensamiento crítico. El pensamiento crítico, si está activado, es una de las mejores barreras de cara a controlar el paso de ideales dañinos que se van adentrando en nosotros desde pequeños, y a medida que somos adultos es más difícil extirparlos. Los medios de comunicación, las noticias y las redes sociales van aumentando el concepto de vida ideal, y si no pasan el filtro del pensamiento crítico se convierten en nuestros acompañantes tóxicos.

Si somos de los que nos sentimos constantemente desgraciados, infelices, angustiados, Bertrand Russell nos propone esa solución aparentemente poco ortodoxa para la filosofía: centrar la atención fuera de uno mismo. Cuando el sentimiento de desaprobación y desgracia es hacia nosotros, entonces hay que mirarse menos el ombligo y dar prioridad al exterior. Hablando sobre sí llega a afirmar:

«Poco a poco aprendí a ser indiferente a mí mismo y a mis deficiencias; aprendí a centrar la atención, cada vez más, en objetos externos: el estado del mundo, diversas ramas del conocimiento, individuos por los que sentía afecto. Es cierto que los intereses externos acarrean siempre sus propias posibilidades de dolor: el mundo puede entrar en guerra, ciertos conocimientos pueden ser difíciles de adquirir, los amigos pueden morir. Pero los dolores de este tipo no destruyen la cualidad esencial de la vida, como hacen los que nacen del disgusto con uno mismo. Y todo interés externo inspira alguna actividad que, mientras el interés se mantenga vivo, es un preventivo completo del aburrimiento».

Es decir, para evitar esa clase de obsesión con uno mismo que nos llega a castigar porque nunca nos sentimos bien con nuestra realidad, con nuestra personalidad, con nuestros logros, Russell recomienda como terapia prestar interés a lo que está en nuestro exterior.

El problema se acrecienta cuando metemos otro factor en la ecuación. Como empezamos a exigirnos a nosotros, inevitablemente tratamos de extrapolar esta exigencia a los demás, llegando a juzgarlos por el rasero con el que nos juzgamos. Por eso no es de extrañar que siempre terminen decepcionándonos e irritándonos, sobre todo porque al ser severos con todo lo referente a nuestra vida, aquel que no comparta nuestra perspectiva, lo tacharemos de fracasado, inútil, perezoso... Nos suele costar mucho entender que hay otras personas que tienen otra filosofía de vida, que sus prioridades están a años luz de nuestros requerimientos, y cometemos el error de calificarlas desde nuestra perspectiva de exigencia laboral/moral.

No hay nada más dañino para una relación laboral que tener a tu lado a una persona para la que el trabajo sea el eje central de su vida y de su felicidad. Alguien que solo entienda su progreso y desarrollo a través del reconocimiento y del éxito laboral. Este tipo de personas, si no tienen la madurez del pensamiento crítico suficientemente desarrollada, no pueden evitar juzgar a las demás por medio de su rasero. De modo que la exigencia en los estándares de trabajo que se aplican terminan queriéndola imponer a todos los que están a su alrededor, cayendo en una dinámica de rechazo y negatividad para aquellos que no comparten su visión de la vida asociada al plano laboral.

Pero si bien esto le puede ocurrir al que pone su esfuerzo y desarrollo personal en el plano laboral, también le sucede al que está en el foco contrario. Todos tenemos un conocido que es un genio en el escaqueo a la hora de trabajar, alguien a quien el trabajo no le interesa pero no tiene más remedio que trabajar. Esta persona está convencida de que su oficio no le aporta nada positivo para su desarrollo personal, a excepción del salario, pero además intenta no cumplir con sus labores y a la mínima de cambio trata de zafarse de sus obligaciones, de quitarse de en medio, de cargar el muerto al compañero. Estos sujetos que no se exigen a sí mismos en el trabajo y además tratan de escabullirse no pueden evitar, en la mayoría de las ocasiones, juzgar a los demás por ese rasero, y así, al que se entrega en cuerpo y alma al trabajo lo juzgan con crueldad y dureza. Todos aquellos que no tengan la concepción del trabajo que ellos tienen es porque, o bien están alienados, o son idiotas, o lameculos, o llevan vidas tristes... Unos porque piensan que todos son vagos o inútiles, porque al no estar a su altura, al no asumir el compromiso que ellos tienen, y los otros porque creen que estos son obsesivos chupatintas. Son dos modelos de personas convencidas de que los demás serían más felices, o les iría mejor, si fueran capaces de imitar o interiorizar el modelo de vida que ellos han elegido.

La mejor salida para no caer en estos extremos está en saber situar el término medio y, a la vez, evitar las comparaciones, teniendo siempre activado el interruptor del pensamiento crítico, de lo contrario el sufrimiento se apoderará de nosotros. Tenemos que entender que nuestro modelo de vida no tiene por qué exportarse a los demás, es más, si logramos comprender que cada persona tendrá una filosofía de vida distinta, con prioridades diversas, entonces conseguiremos no alterarnos cuando los demás no vean la vida como nosotros la vemos. La idea es no pensar que nuestra filosofía es la mejor para todos, no querer imponer nuestra visión de la realidad a los demás, sino entender que existen otras percepciones que, si bien no compartimos, podemos respetarlas siempre que no sean perjudiciales para nadie.

CONTRA LA FRAGILIDAD EMOCIONAL

Todos hemos oído alguna vez la frase «sufrir estoicamente», pero quizá no todos sabemos lo que esto quiere decir. El sufrimiento que no es infringido de manera voluntaria es doloroso. La vida nos tiene dispuestos momentos de amargura y desconsuelo para los que hay que estar preparados. De igual modo tenemos que pertrechar a nuestros seres queridos lo mejor que podamos. Porque educar en la felicidad y en la alegría parece tarea sencilla (aunque si queremos tomarnos en serio el proyecto de una buena vida la cosa se complica bastante), y recibir buenas noticias o vivir experiencias placenteras, aparentemente no necesita mucha preparación. Sin embargo, aleccionarnos para los posibles reveses que la vida nos pone por delante tiene algo más de enjundia, de trabajo, de preparación. Porque no llegaremos a desarrollar una vida equilibrada, y por lo tanto plena, si no sabemos cómo enfrentarnos a la cuestión del dolor.

Por suerte, con los avances en medicina, el dolor físico parece superado o controlado en parte. Las personas que como yo tenemos poca tolerancia al dolor físico, contamos con una pléyade de química que ayuda a sobrellevar bien la mayoría de las dolencias. Además sabemos que el dolor físico suele ser temporal, por lo que la angustia en torno al mismo es bastante más relajada.

Pero el que nos preocupa es el dolor emocional, el dolor mental, el que a veces se convierte en una suerte de miedo irracional, o de obstáculo que parece insalvable porque no sabemos cómo afrontarlo, y tampoco cuánto tiempo durará. Cada vez estamos peor preparados para afrontar este tipo de sufrimiento. Solo tenemos que ver la cantidad de investigaciones, libros, artículos, programas de televisión, innovaciones en el plano educativo... que se están llevando a cabo en lo referente a la educación de las emociones.

Nunca se ha hablado tanto, nunca se ha conocido tan a fondo el mecanismo de funcionamiento de las emociones, y sin embargo somos incapaces de entenderlas en nosotros mismos. Estamos prestando mucha atención a las emociones y nos estamos dejando llevar, manipular y controlar por las mismas en lugar de ser nosotros quienes las controlamos. Las emociones empiezan a dominar al ser humano y no viceversa. Estamos en un periodo de fragilidad emocional que nos mantiene ocupados en el plano sentimental.

¿Pero por qué tanta insistencia en educarnos emocionalmente? Creo que existe algo de neofilia en este supuesto, es decir, algo de dejarse llevar por la novedad. Las emociones se han puesto de moda y las terapias emocionales aparecen a diestro y siniestro como la panacea para todos los problemas. Se está imponiendo una educación centrada en terapias emocionales porque lo racional requiere esfuerzo y lo emocional es más liviano.

En la sociedad hipermoderna las personas demandan soluciones rápidas, sencillas, que conlleven poco esfuerzo, de modo que el pensamiento crítico, la capacidad de analizar o la necesidad de «pararse a pensar» no tienen fácil venta. Insistimos en educar las emociones, pero siempre desde el agrado. La consecuencia inmediata es la falta educativa de las emociones más negativas, como la frustración, la ira, la impotencia, el tedio... Queremos experimentar siempre emociones positivas y censuramos todas las demás, las rechazamos, las rehuimos. El error de estos modelos educativos se manifiesta cuando los malos momentos florecen, cuando la pesadumbre y la consternación hacen acto de presencia.

Otras veces, sin embargo, sufrimos más de lo necesario, me atrevería a decir que sufrimos muchas veces de manera innecesaria. En muchas ocasiones somos nosotros los propios culpables de nuestro sufrimiento, y lo hacemos porque, a su debido tiempo, no nos educaron a «saber sufrir» y, a medida que crecemos, la vida saca su arsenal de malos momentos sin que estemos preparados para combatirlos. Sufrimos porque no sabemos afrontar la vida con el equilibrio adecuado a la hora de medir la intensidad de los problemas que «creemos» tener. Padecemos esa especie de «potenciatitis», es decir, potenciamos, aumentamos, exageramos los problemas, los categorizamos, los inflamos, los hacemos importantes y terminamos abrumados por la dimensión que les hemos conferido.

¿Pero por qué este auge de lo emocional? Nuestros

abuelos, incluso nuestros padres, no se preocupaban tanto por el tema emocional. Su mundo era más duro a nivel de comodidades, sus opciones eran muy limitadas y su contacto con el exterior se reducía a lo cercano, a lo próximo, en definitivas cuentas, a lo real. Tenían por costumbre aceptar, en la medida de las posibilidades, la sociedad en la que les había tocado vivir, y dentro de sus capacidades y de la realidad de su estatus social, buscaban la felicidad. El trabajo era un medio para ganar dinero, y la dicha solía atesorarse al margen de la economía, en la franja personal de la vida, separada del materialismo. Por una parte, la aceptación de esta realidad tenía un halo de tristeza porque cercenaba la capacidad de soñar con cambiar radicalmente la situación, pero por otra parte, se partía de una realidad y se vivía conforme a ella, buscando una felicidad sencilla, teniendo una vida emocional más transparente que la actual.

Este imperio del cuidado emocional que aumenta, pone especial acento en el tema educativo. La pedagogía actual está haciendo hincapié en «educar las emociones», como si esto no se hubiese hecho nunca. Antes las emociones eran un complemento más, algo que acompañaba a unos deberes, unos contenidos, un aprendizaje de la disciplina, unas exigencias determinadas..., y ahora las emociones (pero solo las positivas y agradables) son el eje central desde el que pivotan todos los demás factores.

Estamos siendo testigos de un momento de explosión de nuevas metodologías pedagógicas, como los trabajos por proyectos, en los que el niño, partiendo de los temas en los que se siente a gusto, con los que se identifica, comience a trabajar. Desde los nuevos púlpitos educativos, se pregona que la educación sin emoción positiva no es buena, y no paran de inventarse estrategias educativas docentes donde el infante siempre se encuentre cómodo con la situación que se le propone a cada momento.

Estamos cayendo en lo que se denomina un «paidocentrismo», es decir, el niño es el centro de todo, todo gira en torno a él y, lo que es peor, en torno a su felicidad y satisfacción. Educamos, desde la más temprana edad, en insertar y cuidar las emociones positivas las 24 horas del día.

Hay que estar contentos mientras estudiamos, mientras aprendemos, hay que estar felices también en el trabajo, sentir que nos apasiona lo que hacemos en cada instante, en cada momento. Pero si solo podemos o debemos aprender, o enseñar, con el refuerzo y el amparo de emociones positivas, estamos manipulando la idea de una vida real, donde, como hemos estado analizando, existen muchos factores imponderables que nos provocarán desazón, desánimo, dolor, decepción, angustia, ansiedades y alguna que otra depresión. Es decir, olvidamos educar también para el sufrimiento.

HOBBES. PENSAMIENTO CRÍTICO CONTRA EL MIEDO

De los sufrimientos y malestares que encontraremos a lo largo de la vida, el miedo será uno de ellos. Pensar el miedo no siempre es una tarea sencilla, sobre todo porque existen tantos tipos de miedo como personas en el mundo. Cada uno desarrolla un miedo personalizado, distinto, singular, de ahí la dificultad a veces que tenemos de entender los miedos de otras personas, sobre todo cuando no se corresponden con los nuestros. Pero son muy pocas veces las que reflexionamos sobre el miedo, tanto sus causas, que a veces las conocemos, como sus consecuencias, que no siempre somos capaces de vislumbrar.

Hay pensadores relevantes que se han preocupado por entender el propósito del miedo y de entre ellos me gustaría destacar a Hobbes, que tiene aquella frase maravillosa: «El día en que yo nací mi madre parió dos gemelos, yo y mi miedo».

A veces el miedo viene provocado por el sadismo de alguien que quiere hacernos sufrir, otras veces es la emoción irracional de una situación traumática, y para algunas personas malintencionadas es un arma de control. Hobbes y Maquiavelo, como bien señala José Antonio Marina en su *Anatomía del miedo*, coincidían en que el miedo es la emoción política más potente y necesaria, la gran educadora de la humanidad. El propio Spinoza advertía que «es terrible que el pueblo pierda el miedo». Tenemos miedo, por ejemplo, a quedarnos sin trabajo y por eso claudicamos con horarios que abusan, con jefes/as déspotas, con condiciones laborales injustas... Tenemos miedo a que nuestros hijos sufran o, lo que es casi peor, a no verlos felices, y entonces nos sacrificamos por ellos para que no aprendan a sacrificarse. Tenemos miedo a no gustar, a no encajar, y no cesamos de disfrazar nuestra personalidad en las redes sociales. Puestos a tener miedo, los hay de todos los colores y gustos.

El profesor Marina destaca algo esencial para diferenciar los tipos de sufrimiento: saber distinguir los miedos individuales de los colectivos. Son tiempos propicios para sembrar miedo en la colectividad hasta alcanzar el nivel de pánico. Solo basta remitirse al fundamentalismo terrorista para entender lo fácil que es, en plena globalización, expandir un mensaje y causar miedo irracional, inconsciente e irreflexivo en la población. Así, logra uno de sus objetivos principales: que dejemos de sentirnos seguros.

Hobbes en su libro *El Leviatán* dedica la primera parte a analizar las pasiones humanas y entre ellas se encuentra el miedo. Para Hobbes, el estado natural del hombre, cuando vivía asalvajado, es el de la guerra de todos contra todos. Es decir, antes de llegar a considerar cualquier tipo de acuerdo con el semejante, el hombre tenía la amenaza de la violencia, de la guerra, el miedo al otro considerado como enemigo. Para Hobbes, el hombre es por naturaleza vengativo y orgulloso, y su inclinación más importante es el deseo de poder, que tiene como finalidad su propia conservación.

En el estado de naturaleza, la guerra es la principal fuente de protección y obtención de poder. Pero con este modelo de vida conforme a su naturaleza el resultado no puede ser otro que la soledad y la desconfianza, porque cada uno se guía por sus pasiones naturales, y esto le impedirá, entre otras cosas, llevar una vida placentera. Precisamente por este miedo, el hombre buscará salir de este estado de naturaleza donde todos son enemigos de todos para firmar un acuerdo que le proporcione seguridad. Este acuerdo lo denomina «contrato social». Uno de los objetivos principales de este contrato es aplacar el miedo y sentirse más seguros. El hombre decide elegir la seguridad aun sabiendo que tendrá que renunciar a ciertas libertades (la ley de la selva entre otras cosas), en pos de una tranquilidad y de una seguridad. Pero dentro de la seguridad que te proporciona el grupo, también surgen los miedos del colectivo, miedo a que la economía empeore y caigamos en una crisis global, a que el progreso tecnológico cree a humanoides que dominen el mundo, a que el terrorismo ataque en cualquier lugar y en cualquier momento... Cuando una ciudad sufre un atentado terrorista, el miedo se apodera de sus habitantes logrando que el objetivo de estos se cumpla.

Hobbes define el miedo como una aversión, un esfuerzo por apartarnos de algo. Es una emoción de repliegue, de refugio, de ensimismamiento. El miedo te obliga a encerrarte en ti mismo, a bloquearte, a «encapsularte». El objetivo de todo miedo es, por lo tanto, aislar, separar. ¿Qué sería ideal para los terroristas? Que nos aislásemos, que nos quedásemos encerrados en casa, sin comunicación entre nosotros, separándonos, sembrando la desconfianza con el vecino, con el otro, porque cualquiera puede ser un terrorista. Si queremos combatir al miedo, este pensador inglés nos ofrece una solución bien simple. Frente al repliegue y el aislamiento, tenemos que anteponer el despliegue y la apertura.

Por eso cuando ocurre un atentado, nuestros políticos y la ciudadanía en general salen a la calle en un sentimiento de unidad social, se despliegan por los mismos lugares del suceso para decirles a los asesinos: «No tenemos miedo», y entre otras cosas, no tenemos miedo porque estamos abriéndonos a los demás, saliendo de nuestro ensimismamiento.

Ante el miedo, tanto el individual como el colectivo, tenemos que activar el interruptor del pensamiento crítico y abrirnos a los demás, como el niño pequeño que, cuando le invaden los terrores nocturnos y las pesadillas, acude a la cama de los padres y duerme tranquilo, sintiéndose protegido con otros. Ya no se trata solo de racionalizar el miedo, cosa que en muchas ocasiones logramos hacer sin demasiado esfuerzo, sino de actuar, de tomar medidas reales, de enfrentarse a él desplegándonos.

ESCUELAS HELENÍSTICAS. INSTRUCCIONES PARA TIEMPOS DE CRISIS

¿Qué tienen en común las llamadas escuelas helenísticas de la Grecia-Roma clásicas (epicúreos, estoicos, escépticos...) con los tiempos actuales? Todas ellas surgen en un periodo similar y, como señala el profesor Rodríguez Donís, tienen como hilo conductor dotar al hombre de una tranquilidad de ánimo y serenidad que parecía requerir el periodo histórico en el que vivían. Un periodo de gran convulsión y complejo que se corona con la conquista de Oriente por Alejandro Magno. Hay que tener en cuenta que algunas de estas escuelas que buscaban la virtud ética como modelo de vida se fundaron por personas que vivían a caballo entre Oriente y Occidente, como la escuela estoica, que se dice que fue fundada por Zenón de Citio, oriundo de Chipre y que muy probablemente, al igual que otros muchos filósofos griegos como los famosos pitagóricos, tenía influencias del mundo oriental. Uno de los principales objetos de investigación de la filosofía oriental es el concepto de espíritu o alma, y si a esto le unimos la influencia de la parte occidental de Grecia, donde se imponía el imperio de lo racional, encontramos una visión muy completa sobre el ser humano y el modo en el que tiene que enfrentarse a la vida.

Traemos a colación estas corrientes porque creo que el periodo en el que nos encontramos comparte similitudes con aquel en lo referente a la incursión de novedades e incertidumbres.

Las escuelas helenísticas surgieron como respuesta a una sociedad convulsa y cambiante que había perdido la estabilidad de los modelos de vida que tenían. En la actualidad existe una problemática paralela a la que ya sufrieron estos griegos y romanos. Estamos en un nuevo periodo de desorientación en lo referente al futuro, un periodo de caos y de hiperestimulación hasta el extremo de la saturación. No es de extrañar que surjan movimientos que pidan serenidad e introspección. El yoga, el *mindfulness*, la meditación, los *spa* que se multiplican, los gabinetes de psicología y de pedagogía, las terapias de grupo, los grupos de apoyo... se convierten en elementos para ayudar en esta orientación. Se emprende una búsqueda sin saber muy bien dónde buscar, una búsqueda que convierte los libros de autoayuda en *best sellers*.

En el tiempo de creación y expansión de las escuelas helenísticas y de sus doctrinas, estas aparecieron como respuesta a una necesidad social de buscar serenidad, calma y orientación sobre el contexto histórico y cultural que se vivía. Era una respuesta más que racional a un momento histórico complicado donde lo más importante era saber cómo llevar una buena vida. La actualidad, si cabe, es más desconcertante que nunca y sin embargo, a pesar de la aparición de miles de terapias, medicamentos, del auge de la autoayuda…, estas no terminan de estabilizar a las personas y cada momento que pasa, se sienten más desorientadas, más insatisfechas, más frustradas… La depresión ya se ha convertido en la primera enfermedad que acorta la vida de la población mundial y se calcula que para el 2020 una de cada tres personas sufrirá depresión a lo largo de su vida.

Junto al hiperconsumismo y a la desorientación aparece la necesidad de reflexionar y tomar distancia, pero lo que más se demanda es una guía para la felicidad. Este es el principal problema de las sociedades que experimentan grandes cambios de paradigma. La globalización y me atrevería decir que la multiplicación de las pantallas, unida al abuso del tiempo que pasamos delante de las mismas, son dos paradigmas que se han impuesto de manera autoritaria.

Tres elementos se muestran como grandes retos para afrontar el presente y construir una identidad sólida frente a lo que hemos venido llamando, usando prestado el término de Bauman, «una identidad líquida». Estos retos son el hiperindividualismo frente a la ciudadanía o el grupo. La neofilia (amor a la novedad) que se ha incrustado como un dogma sin ni siquiera cuestionarse si cualquier novedad que surja es buena (se da por hecho que lo es) y la turbotemporalidad, que ha cambiado la percepción del paso del tiempo de manera tajante (todo se ha acelerado exponencialmente, no dejando espacio para la predicción a medio o a largo plazo ni tiempo para la deliberación con cautela). Y estos nuevos paradigmas con los que miramos el presente han complicado bastante la orientación para la vida.

Hasta hace poco el manual de instrucciones para la vida era relativamente sencillo, sin grandes complicaciones, igual tampoco tenía grandes secretos pero se accedía a él con cierta tranquilidad y resignación, y dentro del mismo se encontraba alguna paz, pocas dudas, y sobre todo aceptación. Se era feliz de una manera más sencilla, si bien también más limitada. La vida era así, era conveniente que se viviese y se organizase de una determinada manera, estaba orientada de un modo simple y las alternativas eran escasas, pero, como ya hemos apuntado, la gente parecía no complicársela.

Los tiempos actuales han destrozado cualquier manual de instrucciones posible. Los modelos para una buena vida se multiplican, y la multiplicidad de criterios sobre los mismos hace que siempre podamos encontrar buenas razones para cada uno. Si bien esta apertura facilita que cada cual sea capaz de encontrar una manera de acoplarse, o al menos de ilusionarse, intentando poner en marcha su proyecto de vida, por el contrario, la falta de análisis de los mismos provoca grandes insatisfacciones y desilusiones. Y muchas de estas desilusiones son consecuencia directa de tener un concepto adulterado de la felicidad y del placer.

Las escuelas helenísticas tenían como objetivo buscar modelos de vida éticos que se llevasen a la práctica y que no implicasen grandes complicaciones, que orientasen el devenir de los años vividos de una manera racional donde la libertad individual se mostrara como el bien más preciado de todos. En la actualidad, al aceptarse la multiplicación de patrones de vida y encontrar argumentos y contraargumentos en defensa de cada uno de ellos, el sujeto se siente perdido. A la vez que se le da la oportunidad de elegir entre muchos modelos, también se le anima a que pruebe constantemente, a que experimente, hasta encontrar el que mejor encaje en su perfil. La consecuencia es que entramos en un consumo de modelos novedosos, buscando el ideal. La carencia de un análisis crítico, ejercido desde el centro de sus circunstancias, le impide identificar cuál es su ideal. La carencia de un análisis en torno a la filosofía de vida hará que caiga en una espiral de experimentación ensayo/error donde, a la mínima de cambio, abandone un modelo de vida por otro.

ESTOICISMO: EL ARTE DE ENCAJAR EL SUFRIMIENTO

Introduciremos a los estoicos recordando el experimento de los bebés que comentamos anteriormente y que pretendía probar que el aumento de felicidad, satisfacción o agrado (llámese como quiera cuando se trata de bebés) se produce cuando se tiene control de la situación, cuando se logra intervenir exitosamente en lo que sucede en su entorno. Algo parecido es lo que propone la filosofía estoica, tomar el control de tu vida, pero sobre todo el de tus emociones.

El término *estoico* proviene del lugar donde comenzó a impartir sus lecciones Zenón de Citio, en Atenas, el *Stoa Poikile*, que era el pórtico del ágora de Atenas.

Se calcula que la escuela de los estoicos permaneció operativa cerca de 600 años. Muchas de sus enseñanzas fueron retomadas y asimiladas en religiones como la cristiana, de ahí la fama que, a día de hoy, sigue teniendo. Si bien la escuela y enseñanzas estoicas se desvanecieron, sus modelos de vida y sabiduría han seguido siendo un ejemplo de conducta y saber vivir hasta nuestros días. Tomás de Aquino era un gran admirador de los mismos y aceptó la doctrina de la virtud en su comportamiento. El concepto de «Ataraxia» (intentar que nada te perturbe el estado de ánimo), que analizaremos más adelante, está relacionado estrechamente con el concepto budista de «nirvana», dejando muestras de sus enseñanzas también en otros modelos de vida espirituales aparte del cristianismo. O incluso el propio Montaigne era admirador del estoico Séneca y así lo declara cuando elige las *Cartas a Lucilio* de Séneca como modelo para sus ensayos.

De entre los muchos modelos de vida que podrían traerse a colación de la mano de la historia de la filosofía, uno de los más exitosos siempre ha sido el estoicismo. No solo se convirtió en un ideal de pensamiento o una teoría filosófica para los que querían acercarse más a la sabiduría, sino que también cristalizó en un sistema de vida incluso para emperadores filósofos como el mismísimo Marco Aurelio.

Pero ¿por qué es útil el estoicismo? El estoicismo es una escuela de vida orientada a la serenidad, la calma y el autocontrol. Sirve para ayudarnos cuando tenemos momentos de pánico, momentos de desesperación, de ira, de rabia... al mismo tiempo que nos enseña a mantener la serenidad. El estoicismo, como intentaremos explicar, nos puede ser muy útil y dotarnos de una serie de armas que nos ayuden a llevar mejor estas situaciones mejorando y equilibrando nuestro ánimo. Por ejemplo, cuando nos invade la tristeza, lo normal siempre es escuchar palabras de aliento de los seres queridos, pero para los estoicos este alivio era contraproducente, el hecho de animarte, de decirte que no pasa nada, que no es para tanto, que vendrán tiempos mejores... es estúpido, porque para un estoico dar el consuelo de la esperanza empeora la situación. Aconsejan enfrentarse a la tristeza de frente, no esquivarla ni ocultarla tras la esperanza de que el tiempo la haga desaparecer, sino tomar las riendas de tu vida y ser plenamente consciente de la misma.

Como bien sostiene Alain de Botton, el consuelo para los estoicos es una especie de opiáceo para las emociones, las adormece y por eso tiene que eliminarse tajantemente. Si damos el calmante de la esperanza como solución para el dolor, nos estaremos equivocando. La esperanza se presentará como otro estado de ánimo que provocará ilusión y desasosiego constante a la espera de que el dolor termine. Para lograr la paz interior no podemos anestesiar el sufrimiento con otra emoción. Por el contrario, la esperanza solo puede causarte un daño mayor en el caso de que no se produzca el efecto deseado y entonces la caída será mucho más fuerte. Hay que afrontar el dolor tal y como nos llega, sin poner paños calientes, porque sabemos que, como decía Marco Aurelio, somos más fuertes de lo que pensamos, el problema es que para descubrir esta fortaleza necesitamos pasar por estos momentos de dolor.

En el fondo, el estoicismo tiene como objetivo advertirnos de que nos preparemos, que seamos conscientes de que esta fortaleza que tenemos nos permitirá afrontar de manera exitosa los reveses del destino. Las cosas son como son y suceden sin que podamos poner remedio, de modo que hay que aprender a no pensar más allá de lo que hay, de lo que sucede, más allá de lo que tenemos presente a la hora de encarar una situación delicada. Como estoicos tenemos que intentar no falsear mentalmente ni la situación ni nuestro estado de ánimo.

Pero no es tarea fácil prepararse para este tipo de problemas, catástrofes, desgracias o acontecimientos negativos, así es que los estoicos aconsejan, de vez en cuando, entrenarse para estar listos si llegaba el momento. Algunos de los consejos que daban eran, por ejemplo, vestirse ocasionalmente con harapos, con ropa de baja calidad, dormir de vez en cuando en el suelo directamente (ellos proponían el suelo de la cocina), o alimentarse un solo día de pan y agua. Extrapolado a día de hoy no estaría de más que alguna vez pasáramos un tiempo sin tecnología, sin conexión a Internet, sin el móvil, o que prescindiéramos del coche para ir al trabajo, o que no cogiésemos el ascensor y subiéramos por las escaleras... Es decir, voluntariamente abandonar las comodidades de nuestra vida para comprobar dos cosas: primera, que podemos ser capaces de afrontar la vida sin estas comodidades. Que somos capaces de prescindir de las cosas que nos rodean y no pasa nada. Y segunda, eso te ayudará a valorar en su justa medida (no más de lo necesario) lo que posees, sabiendo que si algún día no lo tienes también puedes vivir sin ellas. En esto había que interiorizar las palabras del emperador Marco Aurelio en su libro *Meditaciones* cuando afirmaba que casi nada de lo material es vital para poder llevar una vida feliz.

Sería malinterpretar al estoicismo quedarnos solo con una actitud mental frente al sufrimiento a modo de resignación. Si bien es vital para un estoico saber filosofar en los tiempos de desdicha (en buenos tiempos es fácil), no por eso podemos decir que la filosofía estoica es una filosofía desgraciada o solo para desgraciados. Todo lo contario. No es un modo de aprender a quejarte y resignarte sin más, de manera pasiva, sino más bien todo lo contrario, es una situación activa de lucha contra las pasiones, deseos y posesiones que esclavizan, contra los elementos que perturban la serenidad humana en cada uno de sus flancos y uno de esos elementos es el miedo. El estoico presenta su respuesta ante los momentos más duros mostrándose como un luchador que no está dispuesto a dejar escapar el bien más preciado de todos: la libertad. Libertad de elegir ese modelo de vida donde él se libera de la esclavitud, de todo lo que le ata y le impide la paz interior. Los estoicos, como el resto de las escuelas helenísticas, en el fondo lo que intentan es responder a su manera a la pregunta ética principal: ¿cómo se tiene que vivir?

EPICTETO: COSAS QUE NO DEPENDEN DE MÍ

No se puede hablar del estoicismo sin hablar de Epicteto. Epicteto fue un esclavo que se convirtió en filósofo y en hombre libre. No se conoce su nombre real y de hecho la palabra *epiktetos* significa en realidad «esclavo», «siervo».

Epicteto era esclavo de Epafrodito, que le concedió la libertad, y Epafrodito, que a su vez había sido esclavo del famoso y cruel emperador Nerón (que ordenó la muerte de su mentor Séneca, otro estoico), se preocupó por la educación del mismo y se ganó su confianza, de manera que fue liberado convirtiéndose en consejero del emperador. Epafrodito vio grandes habilidades mentales en Epicteto y las potenció, poniendo al chico a estudiar filosofía de la mano de uno de los filósofos estoicos más renombrados de la Roma de aquel momento: Musonio Rufo, del que fue su discípulo más aventajado.

Poco después de la muerte de Nerón, Domiciano toma el poder en Roma y en el año 94 impone un decreto en el que expulsa a todos los filósofos de la capital; al mismo tiempo Epafrodito fue asesinado y Epicteto tuvo que huir de la ciudad para terminar estableciéndose en Nicópolis, que era una ciudad de la Grecia occidental y el lugar donde fijaría su residencia y fundaría su propia escuela. Allí se ganó la fama de filósofo y disfrutó de la admiración de los grandes, y más en concreto del emperador Adriano, pero a pesar de este reconocimiento vivía de manera muy humilde en una casucha de la que se dice que no tenía puerta, con un mobiliario de apenas una cama, una mesa y una lámpara.

Hace poco se publicó el libro *Manual para la vida feliz*, de Pierre Hadot, donde se recogen parte de las enseñanzas de Epicteto, y el libro comienza con una de las claves del pensamiento de los estoicos: enfocar la vida desde dos perspectivas, las cosas que dependen de mí y las cosas que no dependen de mí. Este es el inicio de cualquier modelo de filosofía estoica. Para ser un estoico lo primero que hay que tener claro es esta importantísima separación, de manera que no nos adentremos en batallas fútiles ni nos alteremos por cosas que no dependen de nosotros. Es fundamental saber qué está bajo nuestro control y qué no lo está.

Deberíamos tener claro que, por ejemplo, hay cuestiones con las que tenemos que ser muy cuidadosos, como las opiniones, las aspiraciones, los conocimientos adquiridos, los afectos... Lo que no podemos controlar hay que saber identificarlo rápidamente y no dejar que nos influya, que nos perturbe. Elementos como las opiniones vertidas en las redes sociales. No somos dueños de ellas y sin embargo dejamos que nos afecten. Según Epicteto, no podemos controlar lo que otras personas logran obtener o conseguir en su vida, de modo que tampoco debería afligirnos más de lo necesario, es decir, la envidia puede ser controlada de manera eficaz si no ponemos atención a lo que las otras personas obtengan.

Siguiendo con los consejos de este gran estoico, también hay que tener muy claro (y no siempre somos capaces de aceptar este consejo) que los afectos de otras personas no dependen de nosotros. Esto no llegamos a entenderlo, no somos capaces de interiorizar que no podemos manipular, controlar o dirigir lo que otras personas hagan con sus emociones y apegos, de manera que es inútil frustrarse o disgustarse por los mismos. Por último, en esta ristra de consejos de Epicteto, hay un lugar especial para nuestra ausencia de talento, tenemos que aceptar que no podemos modificar eso, que tenemos que aceptarnos tal y como somos, y sobre todo con nuestras limitaciones.

Este análisis es especialmente importante en la actualidad, sobre todo porque estamos viviendo una época de exceso de optimismo en lo referente al desarrollo de los conceptos de «éxito» y «esfuerzo». Se nos pasa por alto aceptar cuáles son nuestras cualidades y defectos, sobre todo estos últimos, entendiendo el defecto como una ausencia, una carencia. No somos conscientes o no asumimos nuestra falta de talento para determinadas cosas y la sociedad tampoco nos expone esta realidad tal y como es. Para lograr la paz interior, la serenidad y el ánimo adecuado, es muy importante reconocer que el talento es el que es, que podemos entrenar y mejorar muchas cosas sobre nuestras capacidades, pero que hay otras que no dan más de sí o que simplemente no las poseemos.

No está de más recordar que no podemos controlar, que no depende de nosotros y por lo tanto no podemos dejar que nos afecten mucho estas cosas:

- Las opiniones de la gente.
- Lo que otras personas puedan conseguir/lograr.
- Los afectos de otras personas (parejas rotas, neofilia, consumo material).
- Nuestra ausencia de talento.

COSAS QUE DEPENDEN DE MÍ

¿Qué es por tanto lo que debemos hacer? Tener claro que hemos de controlar lo que depende de nosotros y aceptar lo que proviene de la naturaleza. Para Epicteto, el miedo, la aversión, es algo que depende de ti, de modo que tenemos que saber evitarlo y no luchar contra él.

«Recuerda que el deseo contiene la esperanza de obtener lo deseado; y el deseo que hay en la aversión (miedo) es no caer en lo que se intenta evitar; el que no logra su deseo es desafortunado; el que cae en lo que quiere evitar, es desgraciado. Si intentas evitar las cosas contrarias a la naturaleza que dependen de ti, no te verás envuelto en ninguna de las cosas que quieres evitar. Pero si intentas evitar la enfermedad, la muerte o la pobreza serás desgraciado. Aparta, pues, de ti la aversión a todo aquello que no depende de ti, y transfiérela a las cosas contrarias a la naturaleza que dependen de ti».

Entre las cosas que podemos controlar encontramos una que es de vital recomendación para los tiempos que corren: nuestras opiniones. Tenemos que ser dueños de las mismas, es decir, tenemos que fabricar nuestras propias opiniones y, a ser posible, del modo más completo que podamos. Sobre todo porque vivimos momentos de sobreabundancia en lo referente a la información y es necesario, antes de apropiarse de las opiniones de otros, hacer un análisis de las cosas que nos llegan, contrastar y tener criterio propio de cara a poder forjar nuestra opinión y no asumir las de los demás sin previo análisis.

Junto a esto cabe una segunda advertencia en lo referente a la tendencia actual de compartirla en redes sociales, donde el diálogo en torno a las opiniones no es del todo práctico ni tampoco realista. Redes como Twitter, donde 280 caracteres apenas dejan espacio para explicarse, son usadas para este fin. Pero si bien puedes exponer en apenas una frase la síntesis de una idea, es bastante complicado poder explicar el origen y devenir de esa misma. Otras redes sociales como Facebook, a pesar de usar más espacio para el texto, no logran que los usuarios dediquen tiempo a leerlo al completo, porque la necesidad y el ansia de querer ver los demás muros hace que apenas se lean textos de más de diez líneas.

Opinar por opinar, emitir un dictamen sin que nadie lo demande, puede ser contraproducente para nuestro futuro. No es la primera vez, ni será la última, en la que una antigua publicación en redes sociales termina pasando factura en el presente. De ahí la importancia de ser dueños de nuestras opiniones y la necesidad de saber en qué círculos exponerlas y ante quiénes.

Epicteto defendía que teníamos que ser dueños de nuestras inclinaciones, deseos y miedos, pero, junto a estos, también hemos de controlar nuestros actos. Debemos hacernos responsables de lo que hacemos y no dejarnos llevar por una acción no premeditada o simplemente imitada. A este respecto nos pone un ejemplo muy simple pero significativo de cómo afrontar la acción:

«Cuando te dispongas a realizar cualquier acción, piensa en qué tipo de acción se trata. Si vas a tomar un baño, imagina lo que sucede en el baño: unos salpicando el agua, otros empujándose entre sí, otros insultándose, otros robando; y así emprenderás la acción con más seguridad si te dices a ti mismo: "Ahora tengo intención de bañarme y mantener mi voluntad en armonía con la naturaleza". Y lo mismo debes hacer con cada acción, pues, de este modo, si aparece algún obstáculo a tu baño, pensarás: "No era solo lo que yo quería, sino también mantener mi voluntad en armonía con la naturaleza; pero no la mantendré en este estado si me siento irritado con lo que me sucede"».

LO VERDADERO Y LO APARENTE

No es menos importante en su manera de enfocar la vida distinguir entre lo que él denominaba «los bienes verdaderos» y «los bienes aparentes». Los bienes verdaderos son el conocimiento, la educación, la moral y la ética. Frente a los bienes aparentes, que no son tan esenciales, como las riquezas y la posición social.

Pocas cosas han cambiado desde hace 2000 años y pocas cosas hemos aprendido nosotros. Basta echar un vistazo a las redes para darnos cuenta de que la imagen social la cuidamos en exceso, dando mucha importancia a lo que vemos, leemos y oímos en las mismas. La riqueza económica sigue siendo el deseo de toda persona que viva en un mundo material, y en muchas ocasiones se convierte en el principal objetivo de la vida. Si echamos mano de la última encuesta que se publicó en los medios de comunicación españoles sobre los personajes públicos a los que les gustaría a nuestros jóvenes parecerse, las respuestas son significativas. Es una encuesta realizada por la empresa GAD3, para Educa 20.20 y Fundación Axa, dirigida a 12.000 chichos y chichas desde entre 16 y 19 años donde ellos sitúan a Bill Gates, Steve Jobs y Amancio Ortega entre sus prioridades y ellas a Amancio

Ortega, Emma Watson y a su propia madre. El peso del dinero y la fama sigue siendo muy significativo entre los ídolos de los jóvenes actuales.

Otro de los puntos destacados para los estoicos es comprender que la vida está determinada por la idea que nos hacemos de la misma. Para Epicteto la vida se prescribía por «fantasías», por representaciones. Dependiendo de cómo la consideremos, podremos ser y sentirnos más afortunados o menos. Es decir, existen dos modos de idealizar la vida: el modelo que se orienta hacia las cosas deseables y el de las cosas temibles. La manera en que se vive la vida para un estoico está muy condicionada por la idea que nos hacemos de ella.

Tenemos que hacer un buen juicio de la realidad porque el juicio que nos hagamos de la misma termina comprometiendo siempre nuestra existencia, nuestra percepción del mundo. Si pensamos que la gente es mala, entonces desconfiaremos de todos y nos aislaremos. Si pensamos que las personas son egoístas y estamos convencidos de ello, difícilmente seremos capaces de entablar relaciones personales auténticas. Por eso, si queremos ser felices, tenemos que hacernos una idea de la vida placentera, frente a la idea de una vida catastrófica que nos puede acuciar si encendemos la televisión. Cuando uno tiene que enfrentarse a un reto siempre puede optar por darle dos visiones contrapuestas. Si tenemos que competir en un proceso de oposición por una plaza, o en un examen, podemos pensar que es un fastidio y un incordio, o verlo, y sobre todo vivirlo, como una oportunidad de mejorar. En resumidas cuentas, gran parte de mi vida, del modo en el que yo la vivo y la siento, va a depender del juicio que yo haga de las cosas que me pasan y de las cosas que pasan independientemente de mí. Esto va a condicionar lo que vulgarmente podríamos llamar una persona amargada o ser una persona feliz.

Los estoicos creían que todo en la naturaleza está ordenado, dirigido y regido por una especie de ley universal, y el hombre, haciendo uso de la razón (herencia de Aristóteles), es capaz de llegar a entenderla. La idea es vivir en consonancia con esta especie de ley universal que todo lo gobierna, vivir conforme a la naturaleza.

Una vida inteligente será aquella que es capaz de encontrar una armonía entre lo que hacemos y el modo en el que enfocamos la vida por una parte, y, por otra, las cosas que suceden a nuestro alrededor y que no dependen de nosotros. Es decir, ser sabio es tener la capacidad de entender lo que sucede a nuestro alrededor y, a partir de esos datos, lograr desarrollar una actitud personal acorde con esos acontecimientos.

ATARAXIA: EL ARTE DE NO PERDER LA CALMA

Los primeros estoicos tuvieron una influencia de la Escuela Cínica, sobre todo en lo referente a la política y a la moral, pero los estoicos que han pasado a la posteridad han sido los denominados «nuevos estoicos» o «estoicos romanos», donde nos encontramos a Séneca, Epicteto o Marco Aurelio. Fue un estoicismo de perfil moral y religioso. En esta época romana el estoicismo alcanzó su momento de esplendor porque se convirtió en un modelo de doctrina moral y de comportamiento, dentro de las instituciones. Era una norma para la acción de cara a enfrentarse a los problemas políticos y personales. De hecho podemos afirmar, sin temor a equivocarnos, que la filosofía estoica, adoptada como modelo de conducta, sirvió y sirve para enfrentarse a las dificultades cotidianas que la vida nos presenta, de ahí que su fama y su buen nombre sigan formando parte incluso de nuestro acervo popular (sufrir estoicamente).

Si alguna aportación puede sernos de valía para el mundo contemporáneo de los estoicos griegos y romanos, esa es la idea de Ataraxia, que vendría a traducirse como «imperturbabilidad». Pero imperturbabilidad ¿de qué? Se suele decir que imperturbabilidad del alma, pero nosotros intentaremos contextualizarlo en el mundo actual con el tema de la imperturbabilidad del estado de ánimo.

Puede sonar radical, y de hecho lo es, intentar no alterar el estado de ánimo, pero en los objetivos estoicos, el tomar el control de las emociones era esencial. Esta Ataraxia hay que entenderla como un objetivo último, un fin en sí mismo que se proyecta. Es más bien un fin hacia el que hay que caminar, es una orientación para la vida que debería educarse desde pequeños. Sabemos que es imposible no dejarse arrastrar por el fulgor del momento, por el calor de una discusión o la pasión momentánea de un amor de verano, pero eso no debe obstaculizar el intento de llevar una vida lo más ordenada posible, buscando la serenidad de la reflexión frente al ímpetu de la emoción.

¿En qué cosiste esta serenidad del ánimo? Pues precisamente en eso, en que las menos cosas posibles, eventos, personas... logren afectar nuestro ánimo, en contra de nuestra voluntad, añadiría yo. Es decir, tenemos que ser dueños de nuestros estados de ánimo. Si bien es muy complicado, no por ello tenemos que dejar de intentarlo.

Hay que situar en su debido contexto el surgimiento de estas escuelas helenísticas, que aparecen en un periodo histórico en el que Grecia se somete a los macedonios, más en concreto a Filipo y Alejandro, que imponen sus criterios y apaciguan todas las posibles revueltas que surgían. Eran tiempos convulsos para los ciudadanos griegos. A este respecto, creo que es acertada la sugerencia que Daraki y Romeyer-Dherbey (dos estudiosos del tema) ofrecen en su libro *El mundo helenístico*, cuando apuntan que, en el fondo, lo que los estoicos, los cínicos o los escépticos hicieron es sugerir un nuevo concepto, o más bien una alternativa, a la idea de libertad que todavía perdura:

> «Frente a la autonomía colectiva y a la acción política tal y como la entendían los griegos, es decir, como un asunto de ciudadanos activos, tanto cínicos como estoicos propondrán la autonomía individual y la acción sobre sí».

La idea de libertad como control individual, libertad como capacidad de librarse de la esclavitud de las pasiones y de las necesidades artificiales que se imponen, o que nos imponemos desde el exterior. Es la idea que Nelson Mandela llevó a cabo durante más de treinta años, y en la que, a pesar de no tener libertad civil al estar encarcelado, se sentía libre al más puro estilo estoico.

Bien podríamos aprender el valor de esta alternativa a la libertad política, una alternativa que consiste en poseer la mayor autonomía posible, el mayor autocontrol. En un mundo como el nuestro, donde la democracia se ha impuesto como sistema de vida y gozamos de ciertas libertades, por el contrario estamos más esclavizados que nunca a dependencias emocionales y materiales que nos impiden ser felices, que nos generan (o más bien somos nosotros mismos los que nos generamos) necesidades. Tanto es así que muchas de nuestras decisiones se toman en función de estas necesidades prefabricadas.

Para el estoicismo había que tener siempre en cuenta que nosotros formamos parte de la naturaleza y que lo ideal es usarla como referencia para orientar la conducta en la vida.

La doctrina ética principal de los estoicos es la eudemonía, que consiste en alcanzar lo que ellos denominaban «la autosuficiencia», desprendiéndose de los bienes materiales no necesarios. No era una búsqueda del placer en sí, por lo menos del placer sensorial, sino más bien el intento de no depender de nadie ni de nada (y menos de emociones o sensaciones fugaces).

Para ellos, el primer principio que había que seguir era el de vivir conforme a la naturaleza. ¿Qué significaba esto para un estoico? Pues era sencillo, en esto tenían una influencia del filósofo griego Aristóteles, que, como ya hemos visto, pensaba que la palabra nos distinguía del resto de los seres vivos y la razón era el instrumento para usarla. Es decir, tanto para Aristóteles como para los estoicos, lo que era característico de la «naturaleza» humana era el uso de la razón, por eso cuando afirmaban que uno tenía que vivir conforme a su naturaleza, lo que pretendían comunicarnos era que había que intentar vivir conforme a la razón, a lo racional. Tiene toda la lógica del mundo: vivir conforme a tu propia naturaleza es hacer aquello para lo que mejor estás preparado, para lo que tu organismo mejor dotado está. Será mucho más apropiado, y debería ser más sencillo, vivir siguiendo estos dictámenes de nuestro propio organismo. Lo fácil debería ser llevar una vida orientada por el pensamiento, que es la que más nos identifica como humanos frente al resto de seres vivos. Vivir en contra de la naturaleza no es solo un error, sino que además es contraproducente porque nos enfrenta a nuestra manera de ser más profunda.

SÉNECA. CÓMO PENSAR LA IRA

Un segundo consejo o postulado que los estoicos tenían claro era la importancia de usar la razón para alejarse de las pasiones. ¿Por qué las pasiones? Porque en la mayoría de los casos las pasiones provocan intranquilidad y desasosiego, originan malestar y son causantes de una ansiedad incontrolada por lograr aplacarlas. Piensen por un momento lo intranquilos que estamos cuando nos quedamos esperando una llamada, un mensaje de WhatsApp o cualquier guiño del ser amado, que nos prometió anoche que nos llamaría. O esos/as esposos/as que tras un tiempo de relación en el que la pasión se relaja se sienten tentados por el/la nuevo/a compañero/a de trabajo que les halaga constantemente y ponen en peligro su vida entera, su matrimonio, por dejarse llevar por una pasión que tenían aplacada. O aquel que, llevado por la desidia y la pereza, incumple sus obligaciones laborales arriesgando el sustento económico de su vida. O ese estudiante vago que cuando sufre las consecuencias de su molicie se arrepiente de tal manera que jura que no volverá a dejarse llevar por este sentimiento de pereza. O el que se deja vencer por una gula incontrolable a la hora de comer pero que, justo un segundo después, se arrepiente de no haberse controlado por el bien de su salud. O la persona que, llevada por una intranquilidad mental, se acostumbra a tomarse somníferos para poder conciliar el sueño y, al poco tiempo, se da cuenta de que tiene una dependencia de las pastillas hasta el extremo de no poder dormir si no echa mano de las mismas.

Los estoicos reconocían en el hombre una debilidad por las emociones y sabían que gran parte del problema estaba en controlarlas, para lo cual había que desarrollar una enorme fuerza de voluntad. Pero como toda fuerza que se precie, esta no se logra desarrollar si no es con un constante entrenamiento.

Entre estas emociones que siempre están a flor de piel los estoicos quisieron comprender y controlar la rabia. Probablemente porque algunos de los más representativos del movimiento, como Séneca, estuvieron rodeados de personas con grandes ataques de ira, tales como el emperador Nerón. Séneca fue el tutor de uno de los emperadores más crueles que se recuerdan en la historia de Roma: Nerón, que torturaba a personas en su propio palacio, disfrutaba despellejándolas, que se acostó con su madre y que tenía merecida fama de tener ataques violentos de crueldad. No en vano uno de los tratados más interesantes que escribió este filósofo cordobés lo tituló *Sobre la ira*, que al parecer iba dirigido a su alumno Nerón, pero tuvo que disfrazarlo, dedicándoselo a su hermano mayor Galión, porque temía una reacción de ira incontrolada del emperador, que acabó ordenándole (a Séneca) que se quitara la vida delante de sus seres queridos.

Séneca era un gran estoico que se libró al menos de dos

sentencias a pena de muerte, sabía lo que era aceptar sus designios porque lo vivió en carne y hueso. La primera sentencia fue dictada por César, pero la mujer de Calígula alegó que Séneca tenía tuberculosis, que moriría más temprano que tarde y que por lo tanto carecía de sentido sentenciarlo a morir. La segunda vez fue condenado por Cali, pero al final se libró y cambiaron la pena por el destierro. De la que no se pudo zafar fue de la sentencia a morir que su tutorizado, Nerón, le impuso por conspirar contra el emperador. Séneca eligió hacerlo desangrado, cortándose las muñecas y los tobillos en una bañera, delante de todos sus familiares, aunque para su mala suerte, al final tuvo que echar mano de la cicuta porque, al parecer, no terminaba de desangrarse.

En los tiempos actuales el estoicismo puede sernos de gran utilidad para afrontar esas situaciones donde la ira a veces se apodera de nosotros y terminamos estallando. Los estoicos pensaban que la ira podía ser controlada con el uso del pensamiento racional. Uno de los motivos por los que la ira aparece es por un exceso de optimismo. Somos demasiado optimistas a la hora de forjarnos ciertas ideas sobre el mundo y sobre las personas que nos rodean. Creemos que estas actuarán y se comportarán del modo en que pensamos que deberían hacerlo y nos hacemos la idea de que tiene que ser así. Pero no siempre sucede, pues la ira surge como manifestación de la incomprensión de una situación, unida a la no conformidad con la misma. Por lo general estallamos contra otra persona cuando no comparte nuestro modo de entender la vida y se enfrenta a nuestros postulados de un modo que nosotros consideramos estúpido, injustificado, testarudo y malintencionado.

La ira aparece porque medimos las situaciones, las opiniones y a las otras personas pensando que nuestro rasero de medir tendría que ser el mismo para todos. Tendemos a creer que lo que nos sucede, unido a nuestra manera de ver y entender el mundo, debería ser igual para el resto. De modo que cuando alguno no es capaz de comprender las cosas como nosotros creemos que debería verlas o entenderlas, terminamos enojándonos o despreciándolo. Esto es un error, esperamos que los demás perciban los acontecimientos, los hechos y las ideas del mismo modo que nosotros lo hacemos, en lugar de pensar que los demás tendrán puntos de vista muy distintos a los nuestros, o que pueden estar equivocados pero no saberlo. Para los estoicos, las personas que se cabrean suelen hacerlo porque son estúpidas, porque no son capaces de pensar más allá de sus narices, se creen en posesión de la razón y no logran comprender que otros puedan ver la situación de diferente manera o simplemente estar equivocados. A esto se une un exceso de optimismo porque creen que los demás van a interpretar la vida del mismo modo que ellos.

Los seres inteligentes (y no nos referimos a coeficientes intelectuales o cosas por el estilo) por lo general no se cabrean con tanta facilidad, no entran en cólera porque no esperan grandes cosas de nadie ni de nada, aceptan que la gente se equivoque o que ellos mismos puedan estar equivocados. Están convencidos de que las personas son imperfectas, irascibles y a veces la pifian, de modo que no son capaces de enfadarse con nadie porque ya estaban mentalmente preparados para esos momentos. Su inteligencia sobre el mundo, las circunstancias y las demás personas los dotan de una comprensión sobre los reveses de la vida que les evita sufrimiento.

La ira suele ser la manifestación de tener una idea equivocada sobre cómo es la vida o más bien sobre cómo debería ser. Aparece cuando sucede algo que para nosotros es inesperado, como por ejemplo que un conductor haga un giro sin poner el intermitente. Esto pasa porque damos por sentado que todos pondrán el intermitente ya que saben conducir y, sobre todo, porque nosotros sí lo hacemos, y extrapolamos esta actitud propia a la que deberían tener todos los conductores cada vez que nos sentamos al volante. Pero si al hacerlo nos preparásemos mentalmente para que lo inesperado suceda (que alguien se salte un semáforo, que aparque en doble fila, que conduzca por dirección prohibida, que nos vayamos a encontrar un atasco porque salimos en fin de semana y todo el mundo hace lo mismo...), entonces sería más difícil que explotásemos en ira. Comprenderíamos que el mundo no es ese ideal de autoexigencia que tenemos y que, sin darnos cuenta, la mayoría de las veces, extrapolamos a los demás.

A esto le añadían que el camino de la felicidad pasaba por aceptar el destino. En el fondo no es de extrañar los derroteros por los que se mueve la doctrina estoica si atendemos a que, en parte, su origen y su evolución están asociados a personas que fueron expatriadas, emigrantes como Zenón, que llegó a Atenas desde Oriente Medio, o Epicteto, que era esclavo de un patricio. El estoicismo comenzó siendo una manera de afrontar la vida y el sufrimiento por parte de las personas que lo estaban pasando mal y logró ponerse de moda entre los nobles de la Antigüedad. Algunos estudiosos la han venido llamando la Teoría de la Resignación, pero una resignación entendida de manera positiva y no peyorativa, que ayuda a no alterar el estado de ánimo, donde lo que sucedía, el bien y el mal, eran consustanciales a la parte racional del mundo, de modo que aprender a resignarse era vital para entender cómo era el mundo para los estoicos.

En el caso de Séneca existe una actitud un poco distinta al resto. Concibe al propio estoico no como un hombre que se resigna a los deseos de la naturaleza y los ignora, sino más bien como un luchador, una persona que, conscientemente, tiene una actitud guerrera contra los propios deseos, que se enfrenta a ellos cual gladiador, sabiendo que si sale vencedor de esta lucha habrá logrado alcanzar una vida moralmente digna.

Esta teoría de la resignación y el autocontrol a fin de cuentas viene a decirnos que todo lo que sucede es, por lo tanto, necesario y no puede evitarse. Para qué mortificarse con ideas sobre cómo haberlo podido impedir cuando estas ideas no modificarán el pasado. Si algo no se evitó antes era porque no se tenía que evitar, independientemente de las consecuencias, de modo que hay que aceptar el devenir de los acontecimientos.

Los estoicos, al igual que el resto de las escuelas helenísticas, en el fondo lo que intentan es responder a la pregunta ética principal: ¿cómo se tiene que vivir? Muchas veces malinterpretamos la filosofía estoica cuando se piensa que tenemos que deshacernos de los bienes materiales que nos esclavizan. No es el caso, ni Marco Aurelio ni Séneca lo hicieron, pero sí tenían claro que precisamente estos bienes materiales, si bien se facilitaban, no había que dotarlos de tal importancia que nos provocasen intranquilidad o desánimo no tenerlos.

Esta es una de las aportaciones más interesantes a tener en cuenta para nuestra vida, una vida de desenfreno consumista donde tener, comprar y gastar se ha convertido en una seña de identidad. Debemos aprender a darle el espacio debido a lo material en el siglo XXI, al móvil, al ordenador, al coche, a la casa... Hay que desarrollar una doctrina del desapego material que vaya calando. Esto es un proceso de aprendizaje que podemos hacer desde pequeños y que no termina nunca. Los juguetes, la ropa, las marcas... intentan convencernos de que son señales que nos definen, y así logran hacerse un hueco en nuestro mundo, presentándose como un anexo más de nosotros, por eso necesitamos situarlas en su justa medida, darles la importancia que verdaderamente tienen.

Mucha influencia ha ejercido el estoicismo como doctrina de vida a lo largo de la historia, pero uno de los ejemplos más significativos de su utilidad lo encontramos en Nelson Mandela, mencionado anteriormente. Durante su encarcelamiento, Mandela leyó y asimiló la doctrina estoica de Marco Aurelio, cedió ante el devenir de los acontecimientos y usó la resignación. Cuando salió de la cárcel, decidió que lo que había sucedido era porque tenía que suceder y aceptó el pasado y el destino. Las injusticias del pasado no podían cambiarse, de modo que no merecía la pena sufrir por aquello más. Durante los veintisiete años en prisión, el estoicismo le proporcionó serenidad para seguir adelante. Cuando fue liberado y ganó las elecciones, habló de paz y reconciliación en lugar de dejarse llevar por la ira de la injusticia que sufrió.

Algunos clamaron justicia para los que encarcelaron a Mandela, una justicia que tenía de fondo un fino hilo de venganza, pero Mandela aceptó el contexto y las circunstancias de su encarcelamiento y lo admitió como un elemento del destino para no tener que llenarse de rencor durante el resto de sus días. La ira es un bálsamo momentáneo que en algunos casos puede dejar un regusto de encono, de resentimiento por lo que pasó, un sentimiento contrario al modelo de vida estoico que no deja progresar en el camino hacia una felicidad equilibrada.

A este respecto, Epicteto llegó a decir que el sufrimiento no procede de las cosas que nos suceden en la vida, sino más bien del modo en que nosotros interpretamos estas cosas y juzgamos los acontecimientos.

CONCLUSIÓN

El propósito de este libro no ha sido otro que el de reclamar la importancia de aprender a pensar bien para llevar una vida equilibrada y feliz. El pensamiento crítico es el mejor instrumento que tenemos para construir nuestra identidad. Es la capacidad de analizar los diferentes contextos que nos iremos encontrando a lo largo de la vida y hacerlo desde nuestra propia circunstancia. Es una herramienta que traemos de serie y que tenemos que aprender a manejar por medio de la práctica. De lo contrario, serán otros los que construyan nuestro mundo, pero con sus herramientas.

Es urgente imponerse una higiene mental preventiva. Tenemos que adquirir un «hábito de mantenimiento» que examine nuestra vida cada cierto tiempo. Es como el mantenimiento de un vehículo, para conservarlo en buen estado hay que inspeccionarlo de manera periódica, cambiar el aceite, los líquidos, las ruedas, la correa de distribución... Solo así funcionará correctamente siempre. Si únicamente nos ocupamos del coche cuando se avería, es probable que el arreglo sea muy costoso. El problema se presenta cuando el pensamiento crítico hace acto de presencia y no lo hemos revisado nunca.

Tarde o temprano se impone, y si no estamos preparados, el sufrimiento se manifestará en forma de castigo inconsolable.

La verdadera felicidad se aprende, y si lo hacemos bien, terminará convirtiéndose en un modo de ser. La belleza que oculta la felicidad es el pensamiento crítico. Existe una mágica armonía cuando somos testigos de un pensamiento bello, un aura que nos contagia de hermosura. Espero que este libro haya servido para entender que la sublime belleza de una vida feliz solo se obtiene a través del pensamiento crítico.

BIBLIOGRAFÍA BÁSICA

Aquino, Tomás de: *Suma teológica*. Tecnos, 2014.
Aristóteles: *Metafísica*. Gredos, 1998.
—. *Retórica*. Alianza, 2014.
Bauman, Zygmut: *Vida Liquida*, Austral, 2013.
Benedikt, F., Osborne, M.A.: *The future of employment*. Oxford, 2016.
Bermúdez, Manuel: *Michel de Montaigne: La culminación del escepticismo en el renacimiento*. Servicio publicación, UCO, 2007.
Bernstein, J.: *Oppenheimer: portrait of an enigma*. Londres, Duckworth, 2004.
Botton, Alain de: *The consolations of Philosophy*. Penguin, 2014.
—. *How Proust can change your life*. Picador, 1997.
Bouchoux, Jean-Charles: *Los perversos narcisistas*. Arpa, 2016.
Byung-Chul: *La sociedad del cansancio*. Herder, 2012.
—. *La sociedad de la transparencia*. Herder, 2013.
Campanella, T.: *La ciudad del sol*. Akal, 2006.
Camps:, Victoria: *Elogio de la duda*. Arpa, 2016.
Castilla del Pino, C.: *Teoría de los sentimientos*. Tusquets, 2000.
Daraki y Romeyer-Dherbey: *El mundo Helenístico*. Akal, 1996.
Diógenes Laercio: *Vida y opiniones de filósofos ilustres*. Alianza Editorial, 2007.
Epicteto: *Enquiridión*. Padma, 2016.

GILBERT, Daniel: *Stumbling on happiness*. First vintage books, 2007.
HADOT, Pierre y EPICTETO: *Manual para la vida feliz*. Errata naturae, 2015.
HESIODO: *Los trabajos y los días*. Omega, 2003.
HOBBES: *Leviatán*. Alianza, 2009.
HOMERO: *Himnos homéricos*. Gredos, 2004.
JONES, Owens: *Chavs: la demonización de la clase obrera*. Capitán swing, 2012
KANT, I.: *¿Qué es la Ilustración?* Alianza, 2013.
KUEHN, Manfred: *Kant: una biografía*. Acento, Madrid, 2004.
LIPOVETSKY, G.: *La felicidad paradójica*. Anagrama, 2009.
—. *Los tiempos hipermodernos*. Anagrama, 2007.
MARINA, José Antonio: *Anatomía del miedo*. Anagrama, 2006.
MARINOFF, Lou: *Más Platón y menos Prozac*. Ediciones B, 2000.
MAQUIAVELO: *El príncipe*, Austral, 2012.
MARCO AURELIO: *Meditaciones*. Taurus, 2012.
MARX-ENGELS: *El manifiesto comunista*, Alianza, 2012.
MONTAIGNE, Michel de: *Ensayos*. Letras Universales, 2005.
MORO, Tomás: *Utopía*. Alianza, 2012.
NIETZSCHE, F: *El nacimiento de la tragedia*, Tecnos, 2016
NORTON, Michael y DUNN, Elisaberth: *Happy Money, the science of happier spendending*. Simon and Schuster, 2014
ONFRAY, Michel: *Las sabidurías de la Antigüedad*. Anagrama, 2007
ORTEGA Y GASSET: *Meditaciones del Quijote*. Alianza, 2014
El tema de nuestro tiempo. Espasa, 2003.
PASCAL: *Pensamientos*. Rialp, 2014.
PINKER, S.: *Los ángeles que llevamos dentro*. Paidos, 2014.
—. *Enlightenment now: The case for reason, science, humanism and progress*. Viking. Allen Lane, 2018.
PLATÓN: *La República*. Gredos, 2003
—. *Diálogos*. Vol. 2. Gredos, 2004
ROBINSON, Ken: *Finding your element*. Penguin, 2014.

Rodríguez Donis: *El materialismo de Epicuro y Lucrecio.* Universidad de Sevilla, 1998.

Román, Ramón: *El enigma de la academia de Platón.* Berenice, 2007.

—. *Pirrón de Elis: Un pingüino y un rinoceronte en el reino de las maravillas.* Servicio de publicaciones UCO, 2011.

Russell, Bertrand: *La conquista de la felicidad.* Debolsillo, 2016.

Schwartz, Barry: *The paradox of choice.* Unabridge, 2010.

Séneca: *Sobre la Ira.* Artemisa ediciones, 2001.

—. *Cartas a Lucilio.* Ariel, 2018

Shelley, Mary: *Frankenstein*, Penguin, 2005

Spinoza, B.: *Ética demostrada según el orden geométrico.* Tecnos, 2007.

Zimmer, Robert: *La filosofía como gimnasia mental.* Ariel, 2016.

Documental

Bollaín, Icíar: *En tierra extraña*, 2014.

Películas

Allen, Woody: *Desmontando a Harry,* 1997.

Chaplin, Charles: *Tiempos modernos,* 1936.

Otros títulos en
Libros en el **Bolsillo**

LA VIRTUD DE PENSAR

Pensamiento crítico para tiempos revueltos

María Ángeles Quesada

FERNANDO ALBERCA

Todos los NIÑOS pueden ser EINSTEIN

Un método eficaz para motivar la inteligencia

La
INTELIGENCIA
de los BOSQUES

UN VIAJE CIENTÍFICO AL CORAZÓN DEL BOSQUE:
ESTRATEGIAS, BIOLOGÍA E HISTORIAS DEL FABULOSO
ECOSISTEMA DONDE REINAN LOS ÁRBOLES

Por el ingeniero forestal y naturalista
ENRIQUE GARCÍA GÓMEZ

Eso NO ESTABA *en mi* LIBRO *de* HISTORIA *de* ESPAÑA

por

FRANCISCO GARCÍA DEL JUNCO

El descubrimiento de las Fuentes del Nilo, la expedición Malaspina, las visitas de tribus vikingas a tierras del Guadalquivir, Blas de Lezo, el «Lago Español»... y otros acontecimientos singulares que permanecen olvidados en la Historia de España.

ANTONIO MANUEL

La LUZ que FUIMOS

REBELIÓN en CÓRDOBA

La novela que evoca uno de los sucesos más cruciales e ignorados en la historia de la península: la revolución cordobesa de 1009 y el declive del califato.